No que acredito

SÉRIE **L&PM** POCKET **PLUS**

24 horas na vida de uma mulher – Stefan Zweig
Alves & Cia. – Eça de Queiroz
À paz perpétua – Immanuel Kant
As melhores histórias de Sherlock Holmes – Arthur Conan Doyle
Bartleby, o escriturário – Herman Melville
Cartas a um jovem poeta – Rainer Maria Rilke
Cartas portuguesas – Mariana Alcoforado
Cartas do Yage – William Burroughs e Allen Ginsberg
Continhos galantes – Dalton Trevisan
Dr. Negro e outras histórias de terror – Arthur Conan Doyle
Esboço para uma teoria das emoções – Jean-Paul Sartre
Juventude – Joseph Conrad
Libelo contra a arte moderna – Salvador Dalí
Liberdade, liberdade – Millôr Fernandes e Flávio Rangel
Mulher no escuro – Dashiell Hammett
No que acredito – Bertrand Russell
Noites brancas – Fiódor Dostoiévski
O casamento do céu e do inferno – William Blake
O coronel Chabert seguido de A mulher abandonada – Balzac
O diamante do tamanho do Ritz – F. Scott Fitzgerald
O gato por dentro – William S. Burroughs
O juiz e seu carrasco – Friedrich Dürrenmatt
O teatro do bem e do mal – Eduardo Galeano
O terceiro homem – Graham Greene
Poemas escolhidos – Emily Dickinson
Primeiro amor – Ivan Turguêniev
Profissões para mulheres e outros artigos feministas – Virginia Woolf
Senhor e servo e outras histórias – Tolstói
Sobre a brevidade da vida – Sêneca
Sobre a inspiração poética & Sobre a mentira – Platão
Sonetos para amar o amor – Luís Vaz de Camões
Trabalhos de amor perdidos – William Shakespeare
Tristessa – Jack Kerouac
Uma temporada no inferno – Arthur Rimbaud
Vathek – William Beckford

BERTRAND RUSSELL

No que acredito

Tradução de ANDRÉ DE GODOY VIEIRA

www.lpm.com.br

L&PM POCKET

Coleção **L&PM** POCKET, vol. 592

Texto de acordo com a nova ortografia.
Título original: *What I Believe*

Primeira edição na Coleção **L&PM** POCKET: abril de 2007
Esta reimpressão: novembro de 2013

Tradução: André de Godoy Vieira
Tradução da apresentação: Caroline Chang
Capa: Projeto gráfico de Néktar Design
Ilustração da capa: Foto de Bertrand Russell por Philippe Halsman
 © Magnum Photos
Revisão: Bianca Pasqualini

CIP-Brasil. Catalogação na fonte
Sindicato Nacional dos Editores de Livros, RJ.

R925n   Russell, Bertrand, 1872-1970
        No que acredito / Bertrand Russell; tradução de
    André de Godoy Vieira. – Porto Alegre, RS: L&PM, 2013.
    112p. – (L&PM POCKET PLUS)

    Tradução de: *What I Believe*
    ISBN 978-85-254-1601-8

    1. Vida. I. Vieira, André de Godoy. II. Título. III. Série.

07-0512.   CDD: 234.2
                                    CDU: 234.2

© 1996 The Bertrand Russell Peace Foundation Ltd
© 2004 Alan Ryan – Preface to Routledge Classics edition

Todos os direitos desta edição reservados a L&PM Editores
Rua Comendador Coruja 314, loja 9 – Floresta – 90220-180
Porto Alegre – RS – Brasil / Fone: 51.3225.5777 – Fax: 51.3221.5380

Pedidos & Depto. Comercial: vendas@lpm.com.br
Fale conosco: info@lpm.com.br
www.lpm.com.br

Impresso no Brasil
Primavera de 2013

BERTRAND RUSSELL
(1872-1970)

Bertrand Arthur William Russell, terceiro conde de Russell, nasceu no País de Gales, em uma família tradicional, no auge do poderio econômico e político inglês. Tornou-se filósofo, lógico e matemático, além de inveterado humanista. Escritor prolífico, ajudou a popularizar a filosofia por meio de palestras e comentários sobre uma grande variedade de assuntos, não apenas acadêmicos mas também relativos a questões da atualidade. Seguindo a tradição familiar de forte posicionamento político, foi um proeminente pacifista, contra a intervenção norte-americana na Primeira e na Segunda Guerra Mundial, em favor da emancipação feminina e do controle da natalidade e ferrenho defensor das reformas sociais; defendia o livre-comércio entre as nações e combatia o imperialismo. Agnóstico declarado, criticava qualquer forma de autoridade que tolhesse a liberdade de pensamento e a expressão e acusava as instituições religiosas e os fiéis por dificultarem a vida do ser humano. Pagou o preço por seu posicionamento secularista quando, em 1939, após uma controvérsia pública, foi proibido pela justiça de Nova York de lecionar no City College. Seus leitores e admiradores viam nele um profeta da vida criativa, moderna e racional. Foi um dos primeiros defensores do desarmamento nuclear. Dono de um estilo de escrita límpido e característico pela clareza de seus raciocínios – bem como pela coragem e ousadia com que se dedicava às suas causas –, em 1950 recebeu o Prêmio Nobel de Literatura, "em reconhecimento de seus variados e importantes escritos nos quais advoga ideais humanitários e a liberdade de pensamento". Em 1966, emprestou o nome ao Tribunal Bertrand Russell, criado em Londres como parte do Movimento Comunista Internacional, destinado a "julgar" países que combatiam o comunismo e defendiam o imperialismo norte-americano. (Acabou por se afastar do organismo, posteriormente transferido para Roma.) Na década de 1960, denunciou os Estados Unidos pela invasão do Vietnã. Foi casado quatro vezes. Morreu com quase cem anos, enfraquecido por uma gripe. Escreveu inúmeros livros, entre os quais *Por que não sou cristão* (1927), *Ensaios céticos* (1928) e *História da filosofia ocidental* (1946).

Sumário

Apresentação (Alan Ryan).............................. 9
Prefácio.. 27
1. A natureza e o homem............................ 29
2. A vida virtuosa 43
3. Normas morais... 57
4. Salvação – Individual e social 75
5. Ciência e felicidade 83

Apresentação

Cinquenta anos após ler Bertrand Russell pela primeira vez, eu o li hoje e fiquei com sentimentos confusos. Em meados da década de 1950, o seu *História da filosofia ocidental* era um achado para estudantes adolescentes e entediados à morte com a via-crúcis da obtenção do certificado de conclusão dos estudos intermediários. Dava a todos nós as armas de que precisávamos para atormentar o capelão da escola quando ele tentava explicar a adolescentes agnósticos as cinco provas da existência de Deus de Tomás de Aquino. *Por que não sou cristão* era uma arma ainda mais valiosa contra a autoridade. A crença do diretor da minha escola de que os quatro casamentos de Russell depunham contra as suas visões sobre sexo, Deus e guerra nuclear apenas confirmava a minha opinião de que, na sua maioria, aqueles que detêm a autoridade eram preconceituosos, ilógicos e não deveriam ser levados a sério.

Não mudei inteiramente de opinião. Os quatro casamentos de Russell são irrelevantes quanto às suas ideias sobre sexo, Deus e guerra nuclear; hoje acredito que as suas dificuldades matrimoniais deveriam tê-lo tornado mais cauteloso quanto a fazer com que a conquista da felicidade pareça *fácil*, mas as suas ideias sobre o que é uma vida virtuosa ainda caem bem. Ao criticar opiniões de que não partilhava, ele mostrava que tinha muitos vícios, e sua prática contradizia-se com seu professado princípio de enfocar os pontos fortes de um oponente, e não os pontos fracos. Nesse sentido, ele é menos admirável do que John Stuart Mill. Por outro lado, Russell era – e é – muito mais divertido. Sobretudo, escrevia maravilhosamente bem; até mesmo os artigos que entregava para os jornais de William R. Hearst, a cinquenta dólares cada, a fim de financiar Beacon Hill (a escola que ele e sua segunda mulher criaram), são não apenas inteligentes e espirituosos, mas também provocantes e instigantes. Se a Grã-Bretanha levasse a educação literária a sério, Russell deveria ser ensinado aos adolescentes como um ensaísta--modelo.

Durante a Primeira Guerra Mundial, Russell percebeu que tinha um talento extraordinário para fazer palestras ao público leigo em geral. Ele se opunha ferrenhamente à guerra e, como membro da Union for Democratic Control no início da guerra e posteriormente como figura-chave na No-Conscription Fellowship*, trabalhou sem cessar para pôr um fim imediato ao conflito armado, para persuadir os Estados Unidos a permanecer neutro e para proteger aqueles que conscienciosamente se opunham à guerra contra abuso na mão de tribunais, quando do julgamento de seus pedidos de dispensa, e também contra maus-tratos na prisão e no exército, se eles lá acabassem. Essas atividades custaram-lhe suas palestras no Trinity College, em Cambridge, mas também lhe abriram um novo mundo.

Além das incontáveis reuniões com o objetivo declarado de pôr um fim à guerra e salvar os dissidentes do recrutamento compulsório, ou conscrição, Russell deu uma série de palestras extremamente bem-sucedidas sobre *Os princípios da reconstrução social*. Se ele tinha uma filosofia política, ela está contida no

---

* Union for Democratic Control: organização civil britânica contrária à guerra que advogava o controle democrático sobre ela e a paz negociada. No-Conscription Fellowship: organização civil britânica surgida nas primeiras semanas da Primeira Guerra Mundial, formada por jovens em idade militar. Sua principal causa era ser contra o recrutamento (*conscription*) compulsório. (N.E.)

livrinho em que as palestras se transformaram. Muito do que é desprezado em *No que acredito* é bastante argumentado em *Os princípios da reconstrução social*. Três premissas cruciais merecem ser salientadas.

A visão de Russell sobre o comportamento humano era enraizada na tradição empírica que propunha que o *desejo* é o motor de todas as ações e que o papel da razão é nos dizer *como* buscar aquilo que buscamos, e não *aquilo* que, de início, deveríamos perseguir. Ora, conforme Hume afirmou, lançando mão da agudeza com a qual Russell tanto se regozijava, "a razão é e deveria ser escrava das paixões". Esse não era um argumento para defender a "impulsividade": Russell acreditava que deveríamos pensar muito detidamente sobre aquilo a que nos propomos, e ele queria mais reflexão, e uma reflexão mais cientificamente orientada, sobre o que deveríamos fazer com as nossas vidas. Tratava-se de uma discussão para tentar entender o que de fato queremos. As ideias de Russell sobre a base dos nossos desejos iam mais além. Ele conhecia muito bem o trabalho de W.H. Rivers, o psiquiatra que tratou Siegfried Sassoon – e muitos outros – de traumas de guerra e que foi uma das primeiras pessoas na Inglaterra a compreender a importância de Freud. Rivers achava que Freud exagerava os próprios *insights*, mas não tinha dúvidas de que estamos muito mais à mercê de impulsos inconscientes do que gostamos de acreditar. Tampouco Russell tinha tal dúvida.

Em especial, Russell chegou perto de acreditar que os seres humanos são instintivamente impelidos à destruição, algo que o relato de Freud sobre o "desejo de morte" também sugere. Era tão óbvio para ele que a guerra entre estados nações era desnecessária e, portanto, algo profundamente estúpido que ele não conseguia acreditar em outra explicação que não uma paixão pela destruição e o desejo por parte dos combatentes de infligir sofrimento aos outros a qualquer preço – mesmo que o preço fosse o próprio sofrimento. Acreditar em algo tão niilista, entretanto, faria do pacifismo de Russell algo muito fútil. Se estamos determinados a destruir a nós mesmos sem uma boa razão, a única questão interessante é quanto tempo demorará até que encontremos a tecnologia apta a nos varrer completamente da face da Terra. Russell estava sempre pronto para embates retóricos que representassem seus oponentes como imbuídos de uma paixão por cometer assassinatos e suicídios em massa, mas, nos seus momentos mais analíticos, ele propôs uma visão diferente e mais elaborada.

Essa visão era a segunda premissa. Ele argumentava, em *Princípios*, que há dois tipos de impulso; o impulso *possessivo* busca exclusiva propriedade sobre aquilo em que se concentra e nos leva a competir uns com os outros, ao passo que o impulso *criativo* nos leva a buscar coisas que podem ser possuídas por uma pessoa sem que isso prejudique ninguém. Se cientistas alemães descobrem maravilhosos novos teoremas em física, isso não faz com que restem menos teoremas maravilhosos a serem descobertos pelos cientistas franceses e britânicos, ao passo que a tomada alemã do sudoeste da África deixa menos territórios para os franceses e os britânicos, isso para não falar dos habitantes nativos. Se a possessividade alia-se à glória nacional, e se a glória nacional é concebida como algo que requer a humilhação de outras nações, eis aí a receita para guerras intermináveis. Paz e felicidade só podem ser asseguradas por meio do estímulo dos instintos criativos e do desvio dos instintos possessivos para fins úteis ou, pelo menos, inofensivos.

Em terceiro lugar, então, vem a ética que Russell pregava. Na condição de uma questão de lógica no sentido estrito, a ética de Russell nada deve a suas mais amplas ideias filosóficas. Trata-se de uma questão que ele se colocou incontáveis vezes. Estritamente falando, ele afirmava, não pode haver defesa filosófica de nenhuma moralidade específica; a filosofia diz respeito a questões nas quais a *verdade* está em jogo. O julgamento moral diz respeito a exortação, encorajamento, reprovação – a expressão de posicionamentos favoráveis ou hostis a qualquer que seja a ação ou o traço de caráter que esteja sob discussão. "Assassinato é mau" não estabelece uma propriedade do assassinato. Filosofia moral não é filosofia. Trata-se de um modo dramático de colocar uma questão conhecida. Russell costumava oferecer análises sobre a lógica das necessidades morais que são indiscutivelmente filosóficas no sentido moderno. Entretanto, é fácil perceber o que motivava Russell. Por muito tempo ele afirmou que até mesmo os ramos mais abstratos da filosofia – incluindo a lógica e os fundamentos da matemática – preocupam-se em mostrar o mundo como ele é. A preocupação da moralidade é com aquilo que o mundo deveria ser, muito mais do que como ele é.

Considerando-se tudo isso, a teoria ética de Russell não é tão surpreendente. Nossos impulsos *em si* não são nem bons nem maus; são fatos brutos. São bons e maus conforme auxiliam ou frustram outros impulsos, nossos ou de outras pessoas. Meu desejo de beber até cair é apenas um desejo, mas choca-se com o meu desejo de acordar sem ressaca; choca-se com o desejo do outro de transitar de modo seguro pelas estradas e ruas e com o desejo do meu empregador de ter um funcionário coerente trabalhando na recepção. Beber até cair é, no máximo, imprudente e, em algumas circunstâncias, nocivo. O desejo de ser útil e cooperativo, por outro lado, auxilia os outros a realizarem suas metas e não causará problemas aos meus outros desejos. Assim, dizemos que a benevolência, a obsequiosidade e a gentileza são boas. Nossos padrões do que é um comportamento prudente ou moralmente aceitável diz respeito à nossa assertiva do que Russell mais tarde chamou de "compossibilidade" do desejo. Devemos cultivar desejos que auxiliem na satisfação de desejos e eliminar aqueles que os frustram.

A conexão disso com as ideias de Russell sobre os instintos criativos e com seu ódio à guerra dificilmente precisaria ser explicada. Tampouco precisa de explicação o fato de que expressar seus pensamentos sobre ética em termos de desejo-satisfação parece fornecer a base para uma teoria moral secular, naturalista e hedonista. Pode-se argumentar que, tivesse Russell sido mais consistente, teria oferecido isso de uma vez aos seus leitores. Na verdade, ele não foi; o que emergiu era algo secular e naturalista, mas não (em sua maior parte) uma defesa do hedonismo. De modo muito semelhante ao seu padrinho John Stuart Mill, Russell defendeu altos ideais que apenas frouxamente estão ligados à busca da felicidade no sentido comum – coragem, por exemplo, o amor à verdade e uma preocupação não instrumentalista pela natureza. De maneira acertada ou não, Russell concordava com Mill que um Sócrates insatisfeito é um homem melhor do que um tolo satisfeito. *No que acredito* defende a busca desinteressada da verdade como elemento de uma vida virtuosa, e a queixa mais passional de Russell quanto à religião é que ela é uma resposta *covarde* ao vazio do universo.

No que acredito foi inicialmente publicado em uma série de livros muito curtos – os editores os chamavam de "panfletos" – intitulados "Today and Tomorrow" [Hoje e amanhã]. Eram livrinhos sobre assuntos variados: "o futuro das mulheres, guerra, população, ciência, máquinas, moral, teatro, poesia, arte, música, sexo etc." Dora Russell escreveu *Hypatia* para defender a liberação das mulheres, e Russell escreveu dois panfletos para a série, dos quais *No que acredito* foi o segundo. *Dedalus*, de J. B. S. Haldane, havia oferecido uma visão otimista do que a ciência faria pela humanidade no futuro; Russell replicou com *Icarus*, para mostrar que o filho de Dédalo aprendeu a voar, mas não a voar de um modo inteligente. Já que a ciência enquanto fruto da inquirição racional do mundo poderia apenas nos dizer *como* atingir nossos objetivos, era de se esperar que o mais impressionante resultado do avanço científico seria transformar a guerra em um massacre de proporções globais. Se evitássemos tal destino, nós nos veríamos ou entediados à morte – na medida em que a burocracia em larga escala tomou as rédeas do mundo – ou seríamos transformados nas dóceis criaturas imaginadas no *Admirável mundo novo* de Huxley – livro provavelmente inspirado pelo *Icarus* de Russell –, geneticamente programadas para desempenhar nossos papéis sociais e alimentadas com drogas que conseguiriam realizar qualquer coisa que a eugenia já não o tivesse.

Tendo em vista que Russell foi um dos fundadores da campanha pelo desarmamento nuclear e um pensador que muito escreveu sobre os horrores da guerra nuclear é fácil esquecer que seus medos quanto ao futuro da humanidade não foram primeiramente suscitados pelas armas nucleares, mas pelos armamentos industrializados da Primeira Guerra Mundial e, depois, pelo advento de bombardeiros de longo alcance nos anos 1930. *Icarus* era mordaz na sua espirituosidade, selvagemente injusto na sua caracterização de quase todos os detentores de poder como seres nocivos e inescrupulosos e profundamente pessimista quanto às perspectivas da raça humana. Não pela última vez Russell expressa a opinião de que poderia ser bom que a humanidade exterminasse a si mesma, já que ela fez da existência tamanha confusão.

No que acredito tinha a franca intenção de equilibrar a balança. É tão lúcido e tão divertido que explicar o seu conteúdo a um leitor prestes a ter o prazer de ler Russell parece tolo. O que pode ser útil é falar um pouco sobre a postura característica de Russell sobre questões religiosas e sobre a decididamente otimista conclusão de *No que acredito*, na qual as possibilidades produtivas, e não as possibilidades destrutivas da ciência, são apontadas como anteparo à desesperança de *Icarus*.

Há dois tipos de ateus – Russell se dizia um agnóstico, indicando que não era *impossível* que houvesse algum tipo de deus, mas que ele tinha certeza de que Deus não existia. A posição do primeiro tipo de ateu por vezes pode ser parafraseada por "Deus não existe, e eu o odeio"; ele ou ela queriam que houvesse um Deus para ter alguém a quem se queixar sobre o absurdo do universo. Leonard Woolf uma vez observou que gostaria de questionar Deus sobre os desígnios do sistema digestivo humano, cujo encanamento parece especialmente ineficaz. O segundo tipo de ateu é mais entediado do que indignado; ele ou ela não conseguem ver o propósito de inventar histórias sobre deuses, espíritos ou seja quais forem as entidades sobrenaturais; nada acrescentam à nossa compreensão do mundo, trazem consigo um entrave intelectual e dão margem à perseguição mútua quando na verdade a incoerência e a violência da nossa espécie não precisam de estímulo. Uma pessoa pode ser dos dois tipos, mas é retoricamente canhestro ser ambos ao mesmo tempo.

Russell era tantas vezes o primeiro tipo de ateu quanto o segundo, mas *No que acredito* é na maior parte escrito a partir do segundo ponto de vista. Mesmo assim, é o primeiro tipo de ateísmo que fornece grande parte da força emocional deste ensaio. Ateus que não entendem por que alguém se importaria em inventar histórias inacreditáveis sobre a origem do universo e sobre como devemos nos comportar provavelmente nada vão dizer sobre o assunto, indo dedicar-se a outras questões. Russell dificilmente perdia uma oportunidade de falar em termos pouco agradáveis sobre os devotos – e foi retribuído na mesma moeda.

A explicação óbvia é que Russell estava pelo menos parcialmente convencido de que a existência humana era uma coisa horrível; a vida poderia ter sido maravilhosa, mas não era na maior parte das vezes. Era portanto intolerável pensar que algum ser pudesse deliberadamente ter criado um mundo em que sofremos ansiedade constante, morremos de doenças dolorosas – quando não morremos em decorrência de alguma violência – e sofremos muito mais dores agudas de desilusão amorosa e decepção do que os prazeres do amor e a realização de ambições podem justificar. Se houvesse um Deus, ele (ou ela, *aquilo* ou eles) deveria ser julgado por crimes contra a humanidade. Os devotos são culpados por incentivar o mal: ou porque também são covardes demais para encarar o fato de que Deus é um criminoso ou porque têm uma noção perversa de moralidade e realmente acreditam na força corretora do poder.

O ateísmo de *No que acredito* é dos menos inflamados do segundo tipo. O que há para ser conhecido sobre o mundo é aquilo que a ciência revela, e não há nenhuma razão boa o suficiente para supor que sejamos imortais ou que algum fantasmático relojoeiro esteja por trás da maquinaria do universo. Ainda assim, algumas queixas agudas dizem respeito ao papel da religião na ética e na política. Russell aproveita a oportunidade para denunciar os religiosos por defenderem o controle de natalidade por meio da guerra e da fome enquanto tentam proibir o controle de natalidade por meio de contracepção, conforme advogado por Margaret Sanger* e outros, na época. Russell, claro, deliciava-se em enraivecer os devotos com argumentos como esse. Muitos dos seus leitores deploram suas frequentes injustiças, mas há uma questão séria por trás de suas táticas retóricas.

É a seguinte: muitos religiosos – cristãos em particular – dão especial atenção a questões de conduta sexual. Em vez de se perguntarem sobre o que permitiria às pessoas viverem razoavelmente felizes, criar um número suficiente, mas não demasiado, de crianças saudáveis, felizes e decentemente educadas, os cristãos, na visão de Russell, gastam seu tempo dificultando, e não facilitando, que se pense sobre tais coisas com calma. Vendo os opositores ao aborto nos Estados Unidos quase oitenta anos depois, é fácil simpatizar com Russell. Os crentes em Deus

---

* Enfermeira norte-americana defensora do controle de natalidade e do aborto, que cunhou o termo "*birth control*" e é por muitos considerada a avó do feminismo. (N.E.)

tiraram sua desforra sobre Russell em 1940, quando uma corte de Nova York se opôs à sua indicação para lecionar no City College devido à acusação de que ele ensinava "imoralidades". *No que acredito* era parte das provas de que os seus inimigos lançaram mão.

Pelo menos uma das objeções de Russell às moralidades de embasamento religioso se aplicaria para além dessas moralidades. Russell era hostil a toda forma de ética que fosse baseada em regras. Acertadamente ele pensava que a moralidade desempenha um papel pequeno na existência. Ninguém observa as regras sobre dever paterno quando cuida de uma criança doente, por exemplo; a pessoa é motivada – ou não – por amor, e em nenhum dos casos a moralidade desempenha qualquer papel. Se às pessoas falta a afeição necessária para uma situação, não é possível forçá-las a tê-la por meio de lições de moral, e, se sentem tal afeição, a baliza da moral é redundante. Russell era especialmente hostil ao pensamento de que a moralidade consiste em regras ditadas por alguma autoridade, seja ela Deus ou o superego. Regras são inflexíveis, e, se havia alguma coisa de que Russell tinha certeza, era que um pensamento inteligente sobre a nossa conduta deve ter uma flexibilidade que corresponda à mutabilidade dos acontecimentos.

Finalmente, então, o papel da ciência em tudo isso. Em *No que acredito*, Russell afirmou categoricamente que não devemos "respeitar" a natureza, mas aprender como a natureza trabalha de modo a direcionar os seus poderes para fins humanos úteis. Há duas coisas a serem ditas quanto a isso. Primeiro, conforme vimos, Russell tinha dois corações quando se tratava de avaliar se a humanidade tinha o bom-senso de usar a ciência para fins benéficos e não para fins nocivos; a tendência em *Icarus* é persistir na probabilidade de que podemos usar a ciência de forma errada, mas em *No que acredito* é para exortar-nos a usá-la para fins positivos. Em segundo lugar, Russell apoia-se demais no contraste entre, de um lado, a religião e a moralidade concebidas como regras inflexíveis sem qualquer base racional ou que gratificam o apetite humano de crueldade, e, de outro lado, a ciência concebida como a gradual compreensão do que causa o que no outro. O que ele quer é incentivar a atitude científica.

Ele nem sempre quis dizer aos seus leitores para não respeitar a natureza. Quarenta anos mais tarde ele comentou amargamente sobre a ânsia da humanidade por desafiar os céus ao colocar em órbita satélites que lançariam ogivas nucleares no inimigo e acusou o pragmático americano John Dewey de "impiedade" ao sugerir que a natureza estava de alguma forma imbuída de qualidades humanas. Não se trata aqui de uma simples contradição. Em momento algum Russell pensou que a natureza fornecia um padrão moral ou que era, ela própria, fonte de normas para nossa conduta; quando ele denuncia "respeito" em *No que acredito* é disso que ele está falando. Ao mesmo tempo, ele sempre achou o vasto vazio do universo profundamente comovente – aterrorizante e consolador também. Essa emoção fez com que muitos leitores decidissem que Russell era, apesar de tudo, um pensador excepcionalmente religioso. Nesse caso, ele era um dos muitos pensadores religiosos que julgaram todas as religiões atuais repulsivamente inadequadas aos sentimentos que se propõem expressar.

Alan Ryan, 2003*

---

* Alan Ryan é professor de Ciências Políticas e diretor do New College, da Universidade de Oxford, Inglaterra, membro da Academia Britânica e autor de livros sobre a filosofia das ciências sociais, como *The Philosophy of John Stuart Mill, John Dewey and the High Tide of American Liberalism* e *Russell: A Political Life*. (N.E.)

Prefácio

Neste pequeno livro, tento dizer o que penso a respeito do lugar do homem no universo e de suas possibilidades no sentido de obter uma vida plena. Em *Icarus*, exprimi meus medos; nas páginas que seguem, expresso minhas esperanças. A inconsistência é apenas aparente. Exceto na astronomia, a humanidade não conquistou a arte de predizer o futuro; nas relações humanas, podemos constatar a existência de forças que conduzem à felicidade e de outras que conduzem ao infortúnio. Não sabemos qual delas prevalecerá, mas, para agir com sabedoria, devemos estar cientes de ambas.

1º de janeiro de 1925

1
A natureza e o homem

O homem é uma parte da natureza, não algo que contraste com ela. Seus pensamentos e movimentos corporais seguem as mesmas leis que descrevem os deslocamentos de estrelas e átomos. O mundo físico é grande comparado ao homem – maior do que se pensava à época de Dante, mas não tão grande quanto parecia cem anos atrás. Em todos os sentidos, tanto no micro como no macrocosmo, a ciência parece estar atingindo limites. Acredita-se que o universo possua dimensão espacial finita e que a luz possa percorrê-lo em algumas centenas de milhões de anos. Acredita-se que a matéria consista de elétrons e prótons, os quais são finitos em tamanho e dos quais há no mundo apenas um número finito. Provavelmente suas transformações não sejam contínuas, como se costumava pensar, mas ocorram aos saltos, estes nunca menores que um salto mínimo. Ao que parece, as leis que governam essas transformações podem ser resumidas em um pequeno número de princípios bastante gerais, que determinam o passado e o futuro do mundo no momento em que se conhece uma pequena parte qualquer de sua história.

Logo, a ciência física está se aproximando do estágio em que se tornará completa e, portanto, desinteressante. Dadas as leis que governam os deslocamentos de elétrons e prótons, o resto é meramente geografia – uma coleção de fatos particulares relativos à sua distribuição ao longo de alguma parcela da história do mundo. A soma total de fatos geográficos necessários para determinar essa história é provavelmente finita; em tese, eles poderiam ser anotados em um grande livro a ser mantido em Somerset House, junto com uma máquina de calcular cuja manivela, uma vez girada, possibilitaria ao pesquisador descobrir os acontecimentos de outras épocas que não as registradas. É difícil imaginar algo menos atraente e mais distante dos deleites apaixonados da descoberta incompleta. É como escalar o topo de uma alta montanha e nada encontrar senão um restaurante onde se venda gengibirra – envolto pela neblina, mas equipado com aparelho radiotelegráfico. Quiçá nos tempos de Ahmes a tábua de multiplicação fosse excitante.

Deste mundo físico, em si mesmo desinteressante, o homem é parte. Seu corpo, como qualquer outro tipo de matéria, é composto por elétrons e prótons, que, até onde sabemos, obedecem às mesmas leis a que se submetem os elétrons e prótons que não constituem animais e plantas. Alguns sustentam que a fisiologia jamais poderá ser reduzida à física, mas seus argumentos não são muito convincentes, de sorte que parece prudente supor que estejam errados. Aquilo que chamamos de nossos "pensamentos" parece depender da disposição de trilhos em nosso cérebro, do mesmo modo que as jornadas dependem das rodovias e das estradas de ferro. A energia utilizada no ato de pensar parece ter uma origem química; por exemplo, uma deficiência de iodo fará de um homem inteligente um idiota. Os fenômenos mentais parecem estar intimamente vinculados a uma estrutura material. Se assim é, não podemos supor que um elétron ou um próton solitário seja capaz de "pensar"; seria como esperar que um indivíduo sozinho pudesse jogar uma partida de futebol. Tampouco podemos supor que o pensamento individual possa sobreviver à morte corporal, uma vez que ela destrói a organização do cérebro e dissipa a energia por ele utilizada.

Deus e a imortalidade, dogmas centrais da religião cristã, não encontram respaldo na ciência. Não se pode dizer que uma ou outra dessas doutrinas seja essencial à religião, na medida em que nenhuma delas é encontrada no budismo (com respeito à imortalidade, tal afirmação, feita de maneira inadequada, pode ser enganosa, mas, em última análise, está correta). Entretanto, nós ocidentais passamos a concebê-las como o mínimo irredutível da teologia. Sem dúvida, as pessoas continuarão a alimentar essas crenças, visto que lhe são aprazíveis, como aprazível é atribuir-nos a virtude e aos nossos inimigos o vício. De minha parte, porém, não vejo nelas qualquer fundamento. Não pretendo provar que Deus não existe. Tampouco posso provar que o Diabo seja uma ficção. É possível que exista o Deus cristão, assim como é possível que existam os deuses do Olimpo, do Egito antigo ou da Babilônia. Mas nenhuma dessas hipóteses é mais provável do que a outra: residem fora da região do conhecimento provável e, portanto, não há razão para considerar qualquer uma delas. Não me estenderei sobre essa questão, tendo em vista que já a tratei em outra oportunidade.*

A questão da imortalidade pessoal assenta-se sobre uma base um tanto diferente. Aqui, a evidência é possível em ambos os sentidos. Os indivíduos fazem parte do mundo cotidiano de que se ocupa a ciência, sendo possível descobrir as condições que determinam sua existência. Uma gota d'água não é imortal; pode ser decomposta em oxigênio e hidrogênio. Assim, se uma gota d'água alegasse possuir uma qualidade aquosa que sobreviveria à sua dissolução, estaríamos inclinados ao ceticismo. Da mesma forma, sabemos que o cérebro não é imortal e que a energia organizada de um corpo vivo é, por assim dizer, desmobilizada à hora da morte, estando consequentemente indisponível para uma ação coletiva. Todas as evidências vêm demonstrar que o que consideramos nossa vida mental está intimamente relacionado à estrutura do cérebro e à energia corporal organizada. Logo, é razoável supor que a vida

---

* Ver *A filosofia de Leibniz*, Capítulo XV.

mental cesse no momento em que cessa a vida material. Por mais que esse argumento seja apenas uma probabilidade, ele é tão consistente quanto aqueles em que se baseia a maior parte das conclusões científicas.

Há várias áreas em que essa conclusão poderia ser atacada. A pesquisa psíquica alega ter evidências científicas verdadeiras da sobrevivência, e não há dúvida de que seu procedimento, em princípio, está cientificamente correto. Evidências dessa espécie poderiam ser de tal forma esmagadoras que a ninguém com espírito científico seria dado rejeitá-las. Porém, a relevância a ser atribuída a elas deve depender da probalidade *a priori* da hipótese de sobrevivência. Há sempre maneiras diferentes de explicar cada conjunto de fenômenos, e, dentre eles, devemos preferir aquele que é, *a priori*, menos improvável. Os que já consideram provável sobrevivermos à morte estarão prontos para ver nessa teoria a melhor explicação para os fenômenos físicos. Aqueles que, baseados em outros critérios, julgarem-na implausível partirão em busca de outras explicações. De minha parte, considero as evidências até aqui aduzidas pela pesquisa psíquica em favor da sobrevivência muito mais frágeis do que as evidências fisiológicas apresentadas pelo outro lado. Mas admito plenamente que poderiam a qualquer momento tornar-se mais fortes, e, nesse caso, seria pouco científico descrer da sobrevivência.

A sobrevivência à morte corporal é, no entanto, um assunto diferente da imortalidade: só pode significar um adiamento da morte psíquica. É na imortalidade que os homens desejam crer. E os que creem na imortalidade irão se opor a argumentos de cunho fisiológico, a exemplo dos que venho utilizando, sob a alegação de que alma e corpo são coisas totalmente díspares e que a alma é algo absolutamente diverso às suas manifestações empíricas por meio de nossos órgãos. Creio ser essa uma superstição metafísica. *Espírito* e *matéria*, para certos propósitos, são termos igualmente convenientes, mas não realidades supremas. Os elétrons e os prótons, a exemplo da alma, são invenções lógicas; cada qual constitui uma história, uma série de acontecimentos, e não uma entidade permanente isolada. No caso da alma, tornam-no óbvio os fatos relativos ao desenvolvimento. Quem quer que considere a concepção, a gestação e a infância não pode acreditar seriamente que ao longo de todo esse processo a alma seja algo indivisível, perfeito e completo. É evidente que ela se desenvolve como o corpo e se origina tanto do espermatozoide como do óvulo, de sorte que não pode ser indivisível. Não se trata aqui de materialismo: é simplesmente o reconhecimento de que tudo o que é interessante é uma questão de organização, e não de substância primordial.

Os metafísicos aventaram incontáveis argumentos no intuito de provar a imortalidade da alma. Mas há um simples teste por meio do qual todos esses argumentos podem ser demolidos. Provam todos, igualmente, que a alma deve penetrar a totalidade do espaço. Mas, da mesma forma como não estamos tão ansiosos para engordar quanto para ter uma vida longa, nenhum dos metafísicos em apreço jamais percebeu essa aplicação de seu raciocínio. Eis um exemplo do poder assombroso exercido pelo desejo ao cegar até mesmo homens competentes ante falácias cuja obviedade seria de outro modo imediatamente reconhecida. Se não temêssemos a morte, creio que a ideia de imortalidade jamais houvesse surgido.

O medo é a base do dogma religioso, assim

como de muitas outras coisas na vida humana. O medo dos seres humanos, individual ou coletivamente, domina muito de nossa vida social, mas é o medo da natureza que dá origem à religião. A antítese entre espírito e matéria, como vimos, é mais ou menos ilusória; mas há uma outra antítese mais importante, a saber: aquela entre as coisas que podem e as que não podem ser afetadas por nossos desejos. A linha que as divide não é nítida nem imutável – à medida que a ciência avança, cada vez mais o controle humano exerce seu domínio sobre as coisas. Todavia, há coisas que permanecem definitivamente do outro lado. Entre elas encontram-se todos os *grandes* fatos de nosso mundo, os tipos de fatos de que se ocupa a astronomia. São apenas os fatos que se verificam sobre ou perto da superfície da terra que podemos, em certa medida, moldar aos nossos desejos. E mesmo sobre a superfície da terra nossos poderes são muito limitados. Acima de tudo, não podemos evitar a morte, ainda que muitas vezes consigamos adiá-la.

A religião representa uma tentativa de superar essa antítese. Se o mundo é controlado por Deus, e Deus pode ser movido pela prece, somos detentores de uma parcela dessa onipotência. Em tempos passados, os milagres aconteciam em resposta a súplicas; na Igreja Católica eles ainda ocorrem, mas os protestantes perderam tal poder. Contudo, é possível prescindir desses milagres, uma vez que a Providência decretou que a operação das leis naturais produzirá os melhores resultados possíveis. Logo, a crença em Deus serve para humanizar o mundo da natureza e para fazer com que os homens sintam que as forças físicas são realmente suas aliadas. Da mesma forma, a imortalidade rechaça o pavor da morte. Os que creem que na morte herdarão a bem-aventurança eterna quiçá possam encará-la sem horror, ainda que, para a felicidade dos médicos, isso não aconteça com frequência. De toda forma, essa crença alivia um pouco os temores dos homens, mesmo quando não pode atenuá-los de todo.

A religião, por ter no terror a sua origem, dignificou certos tipos de medo e fez com que as pessoas não os julgassem vergonhosos. Nisso prestou um grande desserviço à humanidade, uma vez que *todo* medo é ruim. Acredito que quando morrer apodrecerei e nada de meu ego sobreviverá. Não sou jovem e amo a vida. Mas desdenharia estremecer de pavor diante do pensamento da aniquilação. A felicidade não deixa de ser verdadeira porque deve necessariamente chegar a um fim; tampouco o pensamento e o amor perdem seu valor por não serem eternos. Muitos homens preservaram o orgulho ante o cadafalso; decerto o mesmo orgulho deveria nos ensinar a pensar verdadeiramente sobre o lugar do homem no mundo. Ainda que as janelas abertas da ciência a princípio nos façam tiritar, depois do tépido e confortável ambiente familiar de nossos mitos humanizadores tradicionais, ao fim o ar puro nos confere vitalidade, e ademais os grandes espaços têm seu próprio esplendor.

A filosofia da natureza é uma coisa; a filosofia do valor é totalmente distinta. Confundi-las não gera senão prejuízo. O que consideramos bom, aquilo de que deveríamos gostar, não tem qualquer relação com o que é – questão esta concernente à filosofia da natureza. Por outro lado, não nos podem proibir de dar valor a isso ou àquilo pelo fato de o mundo não humano não fazê-lo; tampouco nos podem compelir a admirar alguma coisa por ser uma "lei da natureza". Sem dúvida somos parte da natureza, que produziu nossos desejos, esperanças e temores de acordo com leis que os cientistas estão começando a descobrir. Nesse sentido, somos parte da natureza, estamos a ela subordinados, somos consequência das leis naturais e, em última instância, suas vítimas.

A filosofia da natureza não deve ser indevidamente terrena; para ela, a terra não é senão meramente um dos menores planetas de uma das menores estrelas da Via Láctea. Seria ridículo perverter a filosofia da natureza a fim de apresentar resultados aprazíveis aos diminutos parasitas deste planeta insignificante. O vitalismo como filosofia, não menos que o evolucionismo, revela, a esse respeito, falta de senso de proporção e relevância lógica. Toma os fatos da vida que nos são pessoalmente interessantes como detentores de um significado cósmico, e não de um significado restrito à superfície terrestre. O otimismo e o pessimismo, na qualidade de filosofias cósmicas, revelam o mesmo humanismo ingênuo; o universo, até onde o conhecemos pela filosofia da natureza, não é bom nem mau, nem se ocupa em nos fazer felizes ou infelizes. Todas essas filosofias nascem da presunção humana e são mais bem corrigidas com um quê de astronomia.

Entretanto, na filosofia do valor a situação se inverte. A natureza é apenas parte daquilo que podemos imaginar; todas as coisas, sejam elas reais ou imaginárias, podem por nós ser apreciadas, e não há padrão externo a mostrar que nossa apreciação está errada. Somos nós os árbitros máximos e irrefutáveis do valor, e do mundo do valor a natureza constitui apenas uma parte. Logo, nesse universo, somos maiores que a natureza. No mundo dos valores, a natureza em si é neutra – nem boa nem ruim, merecedora nem de admiração nem de censura. Somos nós quem criamos valor, e são nossos desejos que o conferem. Desse império somos reis e de nossa realeza nos tornamos indignos se à natureza nos curvamos. Estabelecer uma vida plena cabe portanto a nós, e não à natureza – nem mesmo à natureza personificada como Deus.

2
A vida virtuosa

Em diferentes épocas e entre diferentes povos, surgiram várias e variadas concepções acerca do que seria uma vida virtuosa. Em certa medida, tais diferenças eram passíveis de argumentação; isso quando os homens divergiam quanto aos meios de atingir determinado fim. Para alguns, a prisão é uma boa forma de impedir o crime; outros sustentam que a educação seria a melhor alternativa. Uma divergência de tal natureza pode ser resolvida com provas suficientes. Mas algumas divergências não podem ser testadas dessa maneira. Tolstói condenava toda e qualquer guerra; outros julgavam que a vida de um soldado empenhado em combater pela justiça era extremamente nobre. Aqui provavelmente estava implicada uma real divergência quanto aos fins pretendidos. Aqueles que reverenciam o soldado não raro consideram a punição aplicada aos pecadores algo bom em si mesmo; Tolstói não pensava assim. Para tal questão, nenhum argumento é possível. Não posso, pois, provar que minha concepção de uma vida virtuosa esteja correta; posso apenas expô-la e esperar que com ela concordem tantos quanto for possível. Eis o que penso:

A vida virtuosa é aquela inspirada pelo amor e guiada pelo conhecimento.

Tanto o conhecimento como o amor são indefinidamente extensíveis; logo, por melhor que possa ser uma vida, é sempre possível imaginar uma vida melhor. Nem o amor sem o conhecimento, nem o conhecimento sem o amor podem produzir uma vida virtuosa. Na Idade Média, quando a peste surgia numa região, os sacerdotes alertavam a população para que se reunisse nas igrejas e orasse por sua salvação; como consequência, a infecção propagava-se com extraordinária rapidez entre as multidões de suplicantes. Eis, portanto, um exemplo de amor sem conhecimento. A última guerra nos propiciou um exemplo de conhecimento sem amor. Em ambos os casos, o resultado não foi senão a morte em grande escala.

Ainda que o amor e o conhecimento sejam ambos necessários, em certo sentido o amor é mais fundamental, na medida em que levará indivíduos inteligentes a buscar o conhecimento a fim de descobrir de que modo beneficiar aqueles a quem amam. Mas, se os indivíduos não forem inteligentes, hão de contentar-se em acreditar naquilo que lhes disseram e possivelmente praticarão o mal, apesar da mais genuína benevolência. É a medicina que talvez ofereça o melhor exemplo daquilo a que me refiro. Ao paciente, um médico qualificado é mais útil do que o mais devotado amigo, e o progresso no conhecimento médico faz mais pela saúde da comunidade do que toda filantropia mal instruída. Ainda assim, uma certa bondade mesmo aqui se fará essencial, no caso de serem os ricos os únicos a lucrar com as descobertas científicas.

Amor é uma palavra que abrange uma variedade de sentimentos; empreguei-a propositalmente porque desejo incluí-los todos. O amor como emoção – sentimento a que me refiro, já que o amor "por princípio" não me parece legítimo – desloca-se entre dois polos: de um lado, o puro deleite na contemplação; de outro, a benevolência pura. No que diz respeito aos objetos inanimados, tem lugar apenas o deleite; não podemos sentir benevolência para com uma paisagem ou uma sonata. Esse tipo de prazer é presumivelmente a fonte da arte. Em regra, é mais forte em crianças na tenra infância que nos adultos, inclinados que estão a considerar os objetos de uma perspectiva utilitária. Ele desempenha uma função importante em nossos sentimentos para com os seres humanos, alguns dos quais providos de encanto e outros do contrário, quando considerados simplesmente como objetos de contemplação estética.

O polo oposto do amor é a benevolência pura. Houve homens que sacrificaram suas vidas em amparo aos leprosos; nesse caso, o amor que sentiam não poderia ter tido qualquer componente de prazer estético. O afeto dos pais, via de regra, é acompanhado pelo encanto proporcionado pela aparência do filho, mas permanece forte mesmo na ausência total desse elemento. Pareceria estranho chamar de "benevolência" o interesse da mãe pelo filho doente, visto que costumamos empregar essa palavra para descrever uma emoção fugaz que nove em dez vezes só constitui logro. De toda forma, é difícil encontrar outro termo para descrever o desejo pelo bem-estar de outra pessoa. Por certo um desejo de tal natureza, no caso do sentimento dos pais em relação ao filho, pode atingir qualquer grau de intensidade. Em outros casos, ele é muito menos intenso; de fato, afigura-se plausível que toda emoção altruística seja uma espécie de transbordamento do amor paternal, ou por vezes a sua sublimação. Na falta de um termo melhor, devo chamar essa emoção de "benevolência". Mas esclareço que falo aqui de uma emoção, e não de um princípio, e que nela não incluo qualquer sentimento de superioridade, como algumas vezes é associado à palavra. O vocábulo "simpatia" expressa parte do que quero dizer, mas omite o componente de atividade que desejo incluir.

O amor, em sua totalidade, é uma combinação indissolúvel de dois elementos, deleite e benquerer. O prazer dos pais ante um filho belo e bem-sucedido é uma combinação de ambos os elementos; tal como o amor sexual, no que tem de melhor. Mas no amor sexual só existirá benevolência quando houver uma posse segura, pois, do contrário, o ciúme a destruirá, ainda que talvez aumente o prazer na contemplação. O deleite desprovido de benquerer pode ser cruel; o benquerer desprovido de deleite tende facilmente a tornar-se um sentimento frio e um tanto arrogante. Alguém que deseje ser amado quer ser objeto de um amor que contenha ambos os elementos, exceto nos casos de extrema fragilidade, como na infância e nas situações de grave enfermidade. Nesses casos, a benevolência pode ser tudo que se deseja. Por outro lado, nos casos de extremo vigor, mais que benevolência, deseja-se admiração: é o estado de espírito de potentados e beldades famosas. Só desejamos o bem dos outros à medida que nos sentimos carentes de ajuda ou sob a ameaça de que eles nos façam mal. Pelo menos essa pareceria a lógica biológica da situação, mas não é muito aplicável ao que toca à vida. Desejamos afeto a fim de escaparmos do sentimento de solidão, a fim de sermos, como costumamos dizer, "compreendidos". É uma questão de simpatia, e não simplesmente de benevolência; a pessoa cujo afeto nos é satisfatório não nos deve unicamente querer bem, mas também saber em que consiste nossa felicidade. Isso, no entanto, pertence ao outro componente de uma vida virtuosa, a saber: o conhecimento.

Em um mundo perfeito, cada ser sensível seria para os demais objeto do mais repleto amor, constituído de prazer, benevolência e compreensão inextricavelmente combinados. Isso não significa que, nesse mundo real, devamos nos esforçar por nutrir tais sentimentos em relação a todos os seres sensíveis com os quais nos deparemos. Há muitos diante dos quais não podemos sentir qualquer deleite, por nos serem repulsivos; se tivéssemos de violentar nossa natureza tentando ver beleza neles, bastaria simplesmente que embotássemos nossa sensibilidade para o que naturalmente julgamos belo. Para não mencionar seres humanos, há pulgas, percevejos e piolhos. Deveríamos passar pelas mesmas dificuldades que o *Ancient Mariner** para que pudéssemos sentir prazer em contemplar semelhantes criaturas. Alguns santos, é verdade, chamaram-nos de "pérolas de Deus", mas o que realmente deleitava esses homens era a oportunidade de expor a própria santidade.

---

* Referência a *The Rime of the Ancient Mariner* (*A balada do velho marinheiro*), poema de 1797 de S. T. Coleridge. (N.T.)

A benevolência é mais fácil de estender-se amplamente, mas mesmo ela tem seus limites. Se um homem tivesse por desejo casar-se com uma dama, não deveríamos pensar que o melhor para ele seria desistir de seu intento, caso descobrisse que um concorrente desejaria igualmente desposá-la: deveríamos considerar o fato como uma justa competição. Contudo, seus sentimentos para com o rival não podem ser *inteiramente* benevolentes. Penso que em todas as descrições de uma vida plena neste planeta devemos assumir um certo princípio fundamental de vitalidade e instinto animal; sem ele, a existência se torna insípida e desinteressante. A civilização deveria ser algo que se somasse a isso, e não que o substituísse. Nesse sentido, o santo ascético e o sábio desinteressado não se constituem em seres humanos completos. É possível que um pequeno número desses homens enriqueça uma comunidade; mas um mundo formado por eles morreria de tédio.

Semelhantes considerações conduzem a uma certa ênfase sobre o elemento do deleite como ingrediente do amor ideal. No mundo de hoje, o deleite é algo inevitavelmente seletivo e nos impede de nutrir os mesmos sentimentos por toda a humanidade. Quando surgem conflitos entre o deleite e a benevolência, via de regra eles devem ser resolvidos por um acordo, e não pela total renúncia de um dos dois. O instinto tem seus direitos; se o violarmos além da medida, sua vingança se dará por meios sutis. Logo, ao almejar uma vida virtuosa, devemos ter em mente os limites da possibilidade humana. Também aqui, todavia, somos levados de volta à necessidade de conhecimento.

Quando me refiro ao conhecimento como ingrediente de uma vida plena, não me refiro ao conhecimento ético, mas ao conhecimento científico e ao conhecimento de fatos particulares. Estritamente falando, não penso que haja um conhecimento ético. Se desejamos alcançar um determinado fim, o conhecimento poderá nos indicar os meios para tanto e imprecisamente passar por ético. Contudo, não creio que nos seja dado decidir que tipo de conduta é certa ou errada, a não ser que tomemos como base suas prováveis consequências. Fixado um objetivo a alcançar, descobrir como fazê-lo é um problema que compete à ciência. Todas as normas morais devem ser testadas com base em sua tendência ou não de concretizar os objetivos que desejamos.

Refiro-me aqui aos objetivos que desejamos, e não àqueles que *deveríamos* desejar. O que "deveríamos" desejar não é senão o que os outros pretendem que desejemos. Normalmente, é o que querem que desejemos as autoridades – pais, professores, policiais e juízes. Se você me diz "você deveria fazer isso e aquilo", a força motriz de sua observação reside em meu desejo de obter a sua aprovação – a par, possivelmente, de recompensas e punições vinculadas à aprovação ou à desaprovação. Na medida em que todo comportamento nasce do desejo, está claro que as noções éticas só podem ter importância quando sobre ele exercem sua influência. Elas o fazem por intermédio do desejo de aprovação e do medo da desaprovação. Por tratar-se de forças sociais poderosas, naturalmente devemos nos empenhar em conquistá-las para a nossa seara, caso queiramos levar a efeito qualquer propósito social. Quando afirmo que a moralidade de conduta tem de ser julgada por suas prováveis consequências, quero dizer que meu desejo é ver aprovado aquele comportamento capaz de executar os propósitos sociais que desejamos e desaprovado o comportamento oposto. No presente, isso não é feito; há certas normas tradicionais segundo as quais a aprovação e a desaprovação são conferidas de maneira absolutamente indiferente às suas consequências. Mas esse é um tópico que abordarei na próxima seção.

A superfluidade da ética teórica se mostra óbvia nos casos simples. Suponhamos, por exemplo, que nosso filho esteja doente. O amor faz com que queiramos curá-lo, e a ciência nos mostra de que modo fazê-lo. Não há uma teoria ética como etapa intermediária, demonstrando que o melhor seria que nosso filho se curasse. Nosso ato provém diretamente do desejo de atingir um determinado fim, não menos que do conhecimento dos meios necessários para tanto. Isso se aplica igualmente a todos os atos, sejam eles bons ou maus. Os fins diferem, e o conhecimento é mais adequado em alguns casos do que noutros. Entretanto, não há maneira concebível de levar as pessoas a fazerem coisas que não desejam. Possível é modificar seus desejos por meio de um sistema de recompensas e punições, entre as quais a aprovação e a desaprovação social não sejam as menos poderosas. Eis, portanto, a questão para o moralista legislativo: de que modo será organizado esse sistema de recompensas e punições, tendo em vista assegurar o máximo do que é desejado pela autoridade legislativa? Se digo que a autoridade legislativa tem maus desejos, estou simplesmente dizendo que seus desejos contrastam com aqueles do seguimento social a que pertenço. Fora dos desejos humanos, não há padrão moral.

Por conseguinte, o que distingue a ética da ciência não é nenhum tipo especial de conhecimento, mas simplesmente o desejo. O conhecimento exigido pela ética é tal qual o conhecimento em todos os campos; o peculiar é que se desejam determinados fins e a correta conduta é o que levará até eles. Evidentemente, para que a definição de conduta correta exerça uma grande atração, os fins devem corresponder ao que deseja grande parte da humanidade. Se eu definisse a conduta correta como aquela que eleva minha renda pessoal, os leitores discordariam. A eficácia total de qualquer argumento ético reside em seu componente científico, isto é, na prova de que um tipo de conduta, mais do que qualquer outra, é o meio para alcançar um fim amplamente desejado. Estabeleço uma distinção, contudo, entre argumento ético e educação ética. A última consiste em reforçar certos desejos e enfraquecer outros. Trata-se de um processo um tanto quanto diferente, que discutirei em separado, em uma etapa posterior.

Podemos, por ora, explicar mais exatamente o sentido da definição de vida virtuosa que dá início a este capítulo. Quando afirmei que a vida virtuosa consiste no amor guiado pelo conhecimento, o desejo que me inspirou não foi senão o de viver essa vida o máximo possível e de ver vivê-la outras pessoas; o conteúdo lógico de tal afirmação é que, numa comunidade onde os homens vivam dessa maneira, mais desejos serão satisfeitos que numa comunidade onde haja menos amor ou menos conhecimento. Não pretendo com isso dizer que uma vida assim seja "virtuosa" ou que seu oposto seja uma vida "pecaminosa", pois essas são concepções que não me parecem ter qualquer justificação científica.

3
Normas morais

A necessidade prática da moralidade nasce do conflito dos desejos, seja de pessoas diferentes ou da mesma pessoa, sob circunstâncias diferentes ou ainda sob a mesma circunstância. Um homem deseja beber e ao mesmo tempo estar apto para o trabalho no dia seguinte. Julgamo-lo imoral se ele adota o rumo que lhe proporciona a menor satisfação do seu desejo. Pensamos mal dos extravagantes ou imprudentes, ainda que a ninguém prejudiquem senão a si próprios. Bentham supunha que a moralidade, como um todo, provinha do "egoísmo esclarecido" e que aquele que sempre agisse com vistas à máxima satisfação pessoal em última análise sempre agiria acertadamente. Não posso aceitar semelhante opinião. Houve tiranos que sentiam um refinado prazer ao testemunhar práticas de tortura; não posso exaltar homens dessa espécie, quando a prudência os levava a poupar a vida de suas vítimas tendo em vista infligir-lhes sofrimentos adicionais no dia seguinte. Entretanto, outras coisas sendo iguais, a prudência faz parte de uma vida virtuosa. Mesmo Robinson Crusoé teve ensejo de praticar a diligência, o autodomínio e a previdência – que devem ser considerados qualidades morais –, pois aumentavam sua satisfação total sem que, em contrapartida, acarretassem dano aos outros. Esse elemento da moralidade desempenha um papel de extrema importância na formação das crianças, pouco propensas a pensar no futuro. Se fosse mais praticado na vida adulta, o mundo rapidamente se tornaria um paraíso, visto que esse elemento seria suficiente para prevenir as guerras, que constituem atos de paixão, e não da razão. De qualquer forma, apesar da importância da prudência, não é ela o elemento mais interessante da moralidade. Tampouco o elemento que suscita problemas intelectuais, pois que não necessita apelar a outra coisa que não o egoísmo.

O componente da moralidade que não está incluído na prudência é, essencialmente, análogo à lei ou aos estatutos de um clube. Constitui um método que aos homens permite viver em união numa comunidade, não obstante a possibilidade de que seus desejos possam entrar em conflito. Nesse caso, contudo, são possíveis dois métodos muito diferentes. Há o método do direito criminal, que, ao determinar consequências desagradáveis para atos que sob certos aspectos frustram os desejos de outros homens, visa a uma harmonia tão somente externa. Esse é também o método da censura social: ser julgado mal pela própria sociedade a que se pertence representa uma forma de punição, tendo em vista evitar aquilo que a maioria das pessoas evita que se saiba, por transgredir o código de seu grupo social. Mas há um outro método, mais fundamental e muito mais satisfatório quando bem-sucedido. Implica modificar os caracteres e os desejos dos homens, a fim de minimizar situações de conflito, fazendo com que o sucesso dos desejos de um homem seja compatível, tanto quanto possível, com os desejos de outro. Eis por que o amor é melhor que o ódio – porque, em vez de conflito, confere harmonia aos desejos dos indivíduos envolvidos. Duas pessoas entre as quais haja amor perseveram ou fracassam juntas, mas, quando dois indivíduos se odeiam, o êxito de um constitui o fracasso do outro.

Se estávamos certos ao afirmar que a vida virtuosa é inspirada pelo amor e guiada pelo conhecimento, está claro que o código moral de qualquer comunidade não é definitivo nem autossuficiente, mas deve ser examinado com vistas a descobrir-se se é tal qual o que a sabedoria e a benevolência teriam decretado. Nem sempre os códigos morais foram impecáveis. Os astecas, por temerem que a luz do sol esmaecesse, consideravam seu penoso dever comer a carne humana. Erraram em sua ciência – e talvez houvessem percebido seu erro científico se tivessem sentido qualquer amor pelas vítimas de seus sacrifícios. Algumas tribos confinavam suas meninas ao escuro dos dez aos dezessete anos por receio de que os raios solares pudessem engravidá-las. Mas será que nossos modernos códigos de moralidade nada contêm que seja análogo a essas práticas selvagens? É possível que proibamos apenas as coisas que são verdadeiramente danosas ou de uma forma ou de outra tão abomináveis que nenhuma pessoa decente seria capaz de defendê-las? Não estou muito certo disso.

A moralidade atual constitui uma curiosa mistura de utilitarismo e superstição, mas o componente supersticioso exerce uma maior influência, como é natural, uma vez que a superstição é a fonte das normas morais. Originalmente, certos atos eram tidos como desagradáveis aos deuses, sendo, desse modo, proibidos por lei por temer-se que a ira divina pudesse recair sobre toda a comunidade, e não apenas sobre os indivíduos culpados. Daí nasceu a concepção de pecado, como aquilo que desagrada a Deus. Não se pode determinar por que razão certos atos eram de tal modo desagradáveis; seria extremamente difícil dizer, por exemplo, por que era desagradável que um cabrito fosse cozido no leite da própria mãe. Mas ficou-se sabendo, pela Revelação, que tal era o caso. Por vezes as ordens divinas têm sido curiosamente interpretadas. Dizem-nos, por exemplo, que não trabalhemos aos sábados, mas na compreensão dos protestantes isso significa que não devemos nos divertir nos domingos. Porém, a mesma autoridade sublime é atribuída tanto à nova quanto à antiga proibição.

É evidente que um homem provido de uma perspectiva científica da vida não se pode deixar intimidar pelos textos das Escrituras ou pelos ensinamentos da Igreja. Não lhe satisfará dizer "este ou aquele ato constitui pecado, e isso encerra a questão". Investigará se tal ato verdadeiramente acarreta algum mal, ou se, pelo contrário, o que acarreta algum mal é crê-lo pecaminoso. Constatará que, especialmente no tocante ao sexo, nossa moralidade corrente contém muito do que na origem é pura superstição. Perceberá também que essa superstição, tal qual a dos astecas, implica uma crueldade desnecessária e que seria abolida caso as pessoas fossem tomadas pelo sentimento de bondade para com seus semelhantes. Mas os defensores da moralidade tradicional raramente são pessoas com corações generosos, como se pode constatar no amor ao militarismo revelado pelos dignitários da Igreja. Seduz pensar que apreciam a moralidade como aquilo que lhes propicia um meio legítimo para dar vazão ao desejo de infligir sofrimento; o pecador constitui uma caça legal; portanto, fora com a tolerância!

Observemos uma vida humana comum desde sua concepção até o túmulo e notemos os pontos em que a moral supersticiosa inflige sofrimentos evitáveis. Inicio pela concepção,

porque aqui a influência da superstição é particularmente notável. Se os pais não são casados, a criança traz do nascimento um estigma, tão claramente imerecido quanto tudo mais possa sê-lo. Caso um deles possua uma doença venérea, possivelmente a herdará o filho. Se já têm filhos demais para sua renda familiar, haverá pobreza, subnutrição, superlotação e, muito provavelmente, incesto. Entretanto, a grande maioria dos moralistas concorda que, para os pais, evitar a concepção não é a melhor maneira de descobrir como evitar tal miséria.*
Para satisfazer a esses moralistas, uma vida de tortura é infligida a milhões de seres humanos que jamais deveriam ter existido, simplesmente porque se supõe que o intercurso sexual seja um ato pecaminoso – exceto quando acompanhado do desejo de gerar filhos –, mas que não o seja quando tal desejo está presente, mesmo sendo absolutamente certo que essas crianças serão

---

* Felizmente, isso já não é mais verdade. Hoje, a vasta maioria de líderes protestantes e judeus não faz objeção ao controle de natalidade. A declaração de Russell é uma descrição perfeitamente acurada das condições existentes em 1925. É também significativo que, com uma ou duas exceções, todos os grandes pioneiros da contracepção – Francis Place, Richard Carlile, Charles Knowlton, Charles Bradlaugh e Margaret Sanger – eram livre-pensadores proeminentes. (Nota da edição original.)

umas desvalidas. Ser morto inesperadamente e então comido, destino das vítimas dos astecas, é sofrimento sobremodo inferior ao infligido a uma criança nascida sob circunstâncias miseráveis e contaminada por doenças venéreas. Ainda assim, é esse o maior dos sofrimentos que em nome da moralidade aplicam deliberadamente bispos e políticos. Se tivessem sequer a menor centelha de amor ou piedade pelas crianças, não poderiam essas pessoas aderir a um código moral em que estivesse implicada uma crueldade de tal forma diabólica.

No nascimento e durante a primeira infância, em média a criança sofre mais por causas econômicas que pela superstição. Ao terem filhos, as mulheres abastadas contam com os melhores médicos, as melhores enfermeiras, a melhor dieta, o melhor repouso e o melhor exercício. As mulheres das classes operárias não gozam de tais vantagens, e, por não contarem com elas, frequentemente seus filhos morrem. Pouco fazem as autoridades públicas no sentido de prestar assistência a essas mães, e ainda assim de muita má vontade. Num momento em que o suprimento de leite a mães lactantes é cortado para evitar despesas, as autoridades públicas gastam vastas somas na pavimentação de ricos bairros residenciais onde há pouco tráfego. Devem saber que, ao tomar essa decisão, estão condenando à morte pelo crime de pobreza um dado número de crianças das classes operárias. Não obstante, o partido governante é apoiado pela imensa maioria de ministros religiosos, os quais, tendo o papa à frente, arregimentaram as vastas forças da superstição ao redor do mundo em apoio à injustiça social.

Em todas as etapas da educação, a influência da superstição é desastrosa. Uma certa porcentagem de crianças é dada ao hábito de pensar; uma das metas da educação é curá-las desse hábito. Assim, perguntas inconvenientes são repreendidas com "silêncio, silêncio!" ou com castigo. A emoção coletiva é utilizada para instilar certos tipos de crenças, mais particularmente as de cunho nacionalista. No âmbito da educação, cooperam capitalistas, militaristas e eclesiásticos, uma vez que, para exercer seu poder, dependem todos da prevalência do emocionalismo e da carência de julgamentos críticos. Com o amparo da natureza humana, a educação logra aumentar e intensificar essas propensões presentes no homem médio.

Uma outra maneira pela qual a superstição prejudica a educação se dá mediante sua influência sobre a escolha de professores. Por razões econômicas, uma professora não deve ser casada; por razões morais, não deve manter relações sexuais extraconjugais. E, no entanto, todos aqueles que se deram ao trabalho de estudar a psicologia mórbida sabem que a virgindade prolongada é, regra geral, extraordinariamente danosa às mulheres, tão danosa que, numa sociedade sensata, seria severamente desestimulada, no caso das professoras. As restrições impostas levam cada vez mais a uma recusa, por parte de mulheres enérgicas e empreendedoras, a ingressar na carreira docente. Tudo isso devido à resistente influência do ascetismo supersticioso.

Nas escolas de classe média e alta, a questão é ainda mais problemática. Verificam-se serviços religiosos nas capelas, e o ensino da moral está nas mãos de clérigos. Estes, na qualidade de professores de moral, fracassam quase que necessariamente sob dois aspectos. Condenam atos que não acarretam dano algum e perdoam outros que são sobremodo prejudiciais. Condenam as relações sexuais entre pessoas solteiras que se desejam, mas que não estão absolutamente certas quanto a passar toda uma vida juntas. Em sua maioria, reprovam o controle de natalidade, mas nenhum deles condena a brutalidade de um marido que leva a mulher à morte em consequência de gestações demasiado frequentes. Conheci um clérigo elegante cuja mulher em nove anos dera à luz nove filhos. Os médicos o advertiram de que, caso tivesse mais um filho, a esposa morreria. No ano seguinte, uma vez mais ela deu à luz e morreu. Ninguém o condenou; ele conservou seu benefício eclesiástico e casou-se novamente. Enquanto os clérigos continuarem a perdoar a crueldade e a condenar o prazer inocente – na qualidade de guardiães da moral dos jovens – só poderão fazer o mal.

No âmbito da educação, outro efeito pernicioso da superstição é a ausência de instrução quanto aos fatos que dizem respeito ao sexo. Os principais fatores fisiológicos deveriam ser ensinados de maneira bastante simples e natural, antes da puberdade, numa época em que não causam excitação. Na puberdade, deveriam ser ensinados os elementos de uma moralidade sexual despida de qualquer caráter supersticioso. Rapazes e moças deveriam aprender que nada, a não ser uma inclinação mútua, pode justificar as relações sexuais. Isso é contrário aos ensinamentos da Igreja, para a qual o ato sexual se justifica contanto que os interessados estejam casados e que o homem deseje um outro filho – por maior que possa ser, no entanto, a relutância da esposa. Rapazes e moças deveriam aprender a respeitar reciprocamente sua liberdade; deveriam ser levados a perceber que nada confere a um ser humano direitos sobre o outro e que o ciúme e a possessividade aniquilam o amor. Deveriam aprender que trazer ao mundo um outro ser humano é algo muito sério e que só pode ser assumido quando se tem certeza de que a criança contará com uma razoável expectativa de saúde, um ambiente adequado e o cuidado dos pais. Não obstante, deveriam aprender métodos de controle de natalidade, de modo a assegurar que seus filhos só viessem ao mundo quando desejados. Por fim, deveriam tomar conhecimento dos perigos causados pelas doenças venéreas, assim como dos métodos de prevenção e cura. O aumento da felicidade humana que se pode esperar da educação sexual aplicada nessas bases é imensurável.

Deve-se reconhecer que, na ausência de filhos, as relações sexuais constituem um assunto de caráter inteiramente privado, que não diz respeito nem ao Estado, nem ao próximo. Atualmente, certas formas de relação sexual que não visam a gerar filhos são punidas pelo direito criminal – medida essa fundada na superstição, uma vez que a questão afeta a ninguém mais exceto as partes diretamente interessadas. No caso de haver filhos, é um erro supor que, necessariamente para o benefício destes, é necessário tornar o divórcio uma tarefa complicada. A embriaguez habitual, a crueldade, a insanidade, são todas razões que tornam o divórcio necessário tanto para a saúde dos filhos quanto para a saúde da mulher ou do marido. Hoje, a importância peculiar que se atribui ao adultério é totalmente irracional. Sem dúvida, muitas formas de má conduta são mais fatais para a felicidade conjugal do que uma eventual infidelidade. A insistência do homem em ter um filho uma vez ao ano, que convencionalmente não constitui má conduta ou crueldade, é a mais fatal de todas.

As normas morais não deveriam ser tais que tornassem impossível a felicidade instintiva. Ainda assim verifica-se uma monogamia rigorosa – numa comunidade em que o número de indivíduos de ambos os sexos é extremamente desigual. Sob tais circunstâncias, é natural que as normas morais sejam infringidas. Entretanto, quando essas normas são tais que só podem ser obedecidas à medida que se reduz severamente a felicidade comunitária – e quando o melhor é que fossem infringidas do que cumpridas –, decerto está na hora de alterá-las. Se isso não for feito, muitos indivíduos cujas ações não se opõem ao interesse público se verão diante da imerecida alternativa da hipocrisia ou da desonra. A Igreja não faz caso da hipocrisia, que constitui um lisonjeiro tributo a seu poder; alhures, no entanto, ela passou a ser identificada como um mal que não se deveria infligir.

Ainda mais danosa que a superstição teológica é a superstição do nacionalismo, do dever para com o próprio Estado e nada mais. Mas não me proponho discutir o assunto nesta ocasião, senão unicamente destacar que o ato de nos voltarmos apenas para nossos compatriotas é contrário ao princípio de amor que reconhecemos como constituinte de uma vida de bem. É também contrário, evidentemente, ao egoísmo esclarecido, pois que um nacionalismo exclusivo não compensa sequer às nações vitoriosas.

Outro aspecto sob o qual nossa sociedade sofre devido à concepção teológica de "pecado" diz respeito ao tratamento dispensado aos criminosos. A opinião de que os criminosos são "perversos" e que "merecem" punição não encontra respaldo numa moralidade racional. Não há dúvida de que certos indivíduos fazem coisas que a sociedade deseja evitar – e faz bem em evitar tanto quanto possível. Podemos tomar o assassinato como o caso evidente. Naturalmente, se a uma comunidade cabe viver em comunhão e a nós desfrutar seus prazeres e vantagens, não podemos permitir que pessoas matem umas às outras sempre que se sentirem impulsionadas a tanto. Mas esse problema deveria ser tratado com um espírito puramente científico. Deveríamos simplesmente indagar: qual o melhor método para evitar o assassinato? Dentre dois métodos igualmente eficazes em sua prevenção é preferível aquele que acarrete o menor prejuízo ao assassino. O mal a ele infligido é absolutamente lamentável, a exemplo da dor de uma operação cirúrgica. É possível que seja igualmente necessário, mas não é motivo para que haja regozijo. O sentimento vingativo que se denomina "indignação moral" não passa de uma forma de crueldade. Os sofrimentos infligidos aos criminosos jamais se podem justificar pela noção de punição vingativa. Se a educação, combinada com a bondade, também for eficaz, deve-se dar preferência a ela; tanto mais se deve preferi-la quanto mais eficaz ela for. Evidentemente, a prevenção do crime e a punição pelo crime são duas questões diferentes; presume-se que o propósito de causar sofrimento ao criminoso constitua um meio de intimidação. Se as prisões fossem humanizadas a ponto de um detento receber uma boa educação gratuitamente, é possível que as pessoas viessem a cometer crimes a fim de qualificar-se para elas. Não há dúvida de que a prisão deva ser menos aprazível que a liberdade; porém, a melhor maneira de assegurar esse resultado é fazer com que a liberdade seja mais agradável do que por vezes é. Não desejo, contudo, envolver-me na questão da Reforma Penal. Desejo simplesmente sugerir que deveríamos tratar o criminoso tal como tratamos alguém que sofra de uma epidemia. Cada qual é um perigo público e cada qual deve ter a liberdade limitada até que deixe de representar uma ameaça à sociedade. Entretanto, enquanto o homem que sofre de uma pestilência é objeto de solidariedade e comiseração, o criminoso é objeto de execração. Isso é totalmente irracional. E é por conta dessa diferença de postura que nossas prisões são muito menos bem-sucedidas em curar as tendências criminosas do que nossos hospitais em curar as enfermidades.

4
Salvação
Individual e social

Um dos defeitos da religião tradicional é o seu individualismo, e esse defeito pertence também à moralidade a ele associada. Tradicionalmente, a vida religiosa consistia, por assim dizer, num diálogo entre a alma e Deus. Obedecer à vontade de Deus constituía uma virtude – e isso era possível ao indivíduo não obstante a situação da comunidade. Seitas protestantes desenvolveram a ideia de "encontrar a salvação", coisa que, no entanto, sempre esteve presente nos ensinamentos cristãos. Esse individualismo de uma alma isolada teve seu valor em certos períodos da história, mas, no mundo moderno, necessitamos de uma concepção de bem-estar mais social que individual. Desejo considerar, nesta seção, de que modo isso afeta nossa concepção de uma vida virtuosa.

O cristianismo nasceu no Império Romano entre populações inteiramente destituídas de poder político, cujos estados nacionais haviam sido destruídos e fundidos numa massa humana vasta e impessoal. Durante os três primeiros séculos da era cristã, os indivíduos que adotavam o cristianismo não podiam modificar as instituições sociais e políticas sob as quais viviam, mesmo que estivessem profundamente convencidos de suas deficiências. Sob tais circunstâncias, era natural que adotassem a crença de que era possível a um indivíduo ser perfeito num mundo imperfeito e que uma vida de bem nada tem a ver com este mundo. Aquilo a que me refiro talvez se torne evidente pela comparação com a *República* de Platão. Platão, quando quis descrever uma vida virtuosa, descreveu toda uma comunidade, e não um único indivíduo; ele o fez para definir a justiça, que é um conceito essencialmente social. Estava acostumado à cidadania de uma república e tomava a responsabilidade política como algo sólido. À perda da liberdade dos gregos segue-se o surgimento do estoicismo, que – à semelhança do cristianismo e à diferença de Platão – tinha da vida virtuosa uma concepção individualista.

Nós, que pertencemos a grandes democracias, encontraríamos uma moralidade mais apropriada na livre Atenas do que na despótica Roma imperial. Na Índia, onde as condições políticas em muito se assemelham às da Judeia do tempo de Cristo, encontramos Gandhi a pregar uma moralidade muito similar à de Cristo e por ela ser punido pelos sucessores cristianizados de Pôncio Pilatos. No entanto, os nacionalistas hindus mais radicais não estão contentes com a salvação individual: querem a salvação nacional. Nisso adotaram o ponto de vista das democracias do Ocidente. Desejo sugerir alguns aspectos sob os quais esse ponto de vista, devido à influência cristã, ainda não é suficientemente ousado nem autoconsciente, mas se acha ainda embargado pela crença na salvação individual.

A vida virtuosa tal como a concebemos demanda um grande número de condições sociais, sem as quais não pode realizar-se. Como já dissemos, ela é uma vida inspirada pelo amor e guiada pelo conhecimento. O conhecimento necessário só poderá existir se os governos ou os milionários dedicarem-se à sua descoberta e difusão. A disseminação do câncer, por exemplo, é um fato alarmante – e nós, o que devemos fazer a esse respeito? No momento, por falta de conhecimento, ninguém pode responder a essa questão – e é pouco provável que tal conhecimento se desenvolva, a não ser com pesquisas subsidiadas. Além do mais, o conhecimento em ciência, história, literatura e arte deveria estar ao alcance de todos aqueles que o desejassem; isso requer arranjos cuidadosos por parte das autoridades públicas e não deve ser alcançado por meio da conversão religiosa. Há ainda o comércio exterior, sem o qual metade dos habitantes da Grã-Bretanha estaria passando fome; e, se acaso estivéssemos passando fome, pouquíssimos dentre nós teriam condições de viver uma vida plena. Desnecessário fornecer mais exemplos. O ponto importante é que, a despeito de tudo o que distingue uma vida boa de uma vida má, o mundo é uma unidade, e o homem que finge viver de maneira independente não passa de um parasita consciente ou inconsciente.

A ideia da salvação individual, com a qual os primeiros cristãos consolavam-se em decorrência de sua sujeição política, torna-se impossível tão logo nos libertamos da concepção muito estrita do que seria uma vida plena. Na concepção cristã ortodoxa, a vida plena é a vida virtuosa, e a virtude consiste em obedecer à vontade de Deus, sendo esta revelada a cada indivíduo mediante a voz da consciência. Toda essa concepção consiste na sujeição dos homens a um despotismo exterior. Uma vida plena envolve muitas coisas além da virtude – a inteligência, por exemplo. E a consciência é um guia extremamente falacioso, uma vez que consiste de vagas reminiscências dos preceitos ouvidos na mocidade, de sorte que jamais supera em sabedoria o preceptor ou a mãe daquele que a possui. Para viver uma vida plena em seu mais amplo sentido, um homem deve contar com uma boa educação, amigos, amor, filhos (se os desejar), uma renda suficiente para manter-se a salvo da pobreza e de graves apreensões, uma boa saúde e um trabalho que não lhe seja desinteressante. Todas essas coisas, em diferentes medidas, dependem da comunidade, podendo ser beneficiadas ou obstruídas pelos acontecimentos políticos. Uma vida de bem deve ser vivida em uma sociedade de bem; do contrário, ela não se faz plenamente possível.

Eis o defeito fundamental do ideal aristocrático. Algumas coisas boas, como a arte, a ciência e a amizade, podem muito bem prosperar numa sociedade aristocrática. Na Grécia, existiam com base na escravidão; entre nós, existem com base na exploração. Mas o amor, sob a forma de simpatia ou de benevolência, não pode existir livremente em uma sociedade aristocrática. O aristocrata precisa persuadir a si próprio de que o escravo, o proletário ou o homem de cor provêm de um barro inferior e de que seus sofrimentos não têm importância. No presente momento, refinados cavalheiros ingleses fustigam africanos tão severamente que estes morrem após horas de uma inexprimível agonia. Ainda que tais cavalheiros sejam bem-educados, dotados de natureza artística e admiráveis conversadores, não posso admitir que vivam uma vida virtuosa. A natureza humana impõe certa limitação à simpatia, mas não a esse ponto. Numa sociedade democraticamente consciente, só um maníaco procederia dessa forma. A limitação à simpatia contida no ideal aristocrático é a sua própria condenação. A salvação constitui um ideal aristocrático porque é individualista. Por tal razão, também, a ideia da salvação pessoal, por mais que interpretada e expandida, não pode servir como definição de uma vida de bem.

Outra característica da salvação é que ela resulta de uma mudança catastrófica, como a conversão de São Paulo. A poesia de Shelley fornece uma ilustração desse conceito aplicado às sociedades; chega o momento em que, quando todos estão convertidos, os "anarcas" fogem, e "uma grande era do mundo mais uma vez se inicia". Pode-se dizer que o poeta é alguém desimportante, cujas ideias não têm qualquer consequência. No entanto, estou convencido de que uma proporção considerável de líderes revolucionários teve ideias extremamente similares às de Shelley. Tais líderes pensaram que a miséria, a crueldade e a degradação se deviam à ação de tiranos, padres ou capitalistas, ou dos alemães, e que, derrotadas essas fontes do mal, haveria uma transformação geral em todos os corações e, a partir daí, viveríamos todos uma vida feliz. De posse dessas crenças, mostraram-se dispostos a travar uma "guerra para pôr fim à guerra". Comparativamente afortunados foram aqueles que experimentaram a derrota ou a morte; os que tiveram o infortúnio de se saírem vitoriosos foram reduzidos ao cinismo e ao desespero, pelo malogro de todas as suas ardentes esperanças. A fonte derradeira de tais esperanças, como caminho que levaria à salvação, era a doutrina cristã da conversão catastrófica.

Não desejo com isso alegar que as revoluções sejam jamais necessárias, mas é meu intento sugerir que não constituem o caminho mais curto para o milênio. Não há atalhos para uma vida virtuosa, seja ela individual ou social. Para construir uma vida virtuosa, precisamos erigir a inteligência, o autocontrole e a solidariedade. Trata-se de uma questão quantitativa, uma questão de progresso gradual, de formação inicial, de experimentos educacionais. Somente a impaciência inspira acreditar na possibilidade de um progresso repentino. O progresso gradual possível e os métodos pelos quais ele pode ser alcançado constituem um problema que compete à ciência do futuro resolver. Mas algo, no entanto, pode ser dito agora. E parte do que pode ser dito tentarei apresentar na seção final deste livro.

5
Ciência e felicidade

O propósito do moralista é melhorar a conduta dos homens. Trata-se de uma ambição louvável, visto que tal conduta, na maioria dos casos, é deplorável. Mas não posso louvar o moralista nem pelos progressos particulares que deseja, nem pelos métodos que adota para alcançá-los. Seu método ostensivo é a exortação moral; seu método verdadeiro (se ele for ortodoxo), um econômico sistema de recompensas e punições. O primeiro nada produz de permanente ou importante; a influência dos pregadores, de Savonarola em diante, sempre foi muito transitória. O segundo – as recompensas e punições – exerce um efeito sobremodo considerável. Ambos fazem com que o homem, por exemplo, prefira prostitutas ocasionais a uma amante quase permanente, pois é necessário adotar o método que se possa mais facilmente encobrir. Desse modo, eles conservam o enorme contingente praticante de uma profissão extremamente perigosa e asseguram a prevalência das doenças venéreas. Não são esses os objetivos desejados pelo moralista, que, no entanto, é por demais desprovido de espírito científico para perceber que são exatamente esses os objetivos que ele alcança.

Existe, então, um melhor substituto para essa mistura pouco científica de sermão e suborno? Creio que sim.

As ações dos homens são danosas quer pela ignorância, quer pelos maus desejos. Os "maus" desejos, quando falamos do ponto de vista social, podem ser definidos como os que tendem a frustrar os desejos alheios, ou, mais exatamente, como aqueles que mais frustram os desejos alheios do que se realizam. Desnecessário enfatizar o mal gerado pela ignorância; nesse caso, tudo o que se deseja é um maior conhecimento, donde o caminho para o progresso reside em mais pesquisa e mais educação. Mas o mal proveniente dos maus desejos constitui uma questão mais complexa.

Nos homens e nas mulheres comuns, verifica-se certa dose de malevolência ativa – tanto uma animosidade dirigida a inimigos particulares como um prazer geral e impessoal experimentado nos infortúnios alheios. É costume encobrir esse sentimento com belas frases: cerca de metade da moralidade convencional constitui uma maneira de disfarçá-lo. No entanto, é preciso enfrentá-lo para que o objetivo dos moralistas de melhorar nossa conduta seja alcançado. A malevolência ativa se revela de mil maneiras, mais e menos graves: no júbilo com que as pessoas repetem e se fiam nos escândalos, no tratamento cruel dispensado aos criminosos, apesar da clara evidência de que um melhor tratamento seria mais eficaz em regenerá-los, na incrível crueldade com que todas as raças brancas tratam os negros e no gosto com que as velhas senhoras e os clérigos salientavam aos jovens rapazes o dever de prestar o serviço militar durante a guerra. Mesmo as crianças podem ser objeto de temerária crueldade: David Copperfield e Oliver Twist de forma alguma são personagens imaginários. Essa malevolência ativa constitui o pior aspecto da natureza humana e aquela que mais necessita ser modificada para que o mundo possa ser mais feliz. É possível que essa única causa tenha mais a ver com a guerra do que todas as causas econômicas e políticas juntas.

Admitido o problema referente à prevenção da malevolência, de que modo devemos lidar com ele? A princípio, tentemos entender suas causas. São elas, creio eu, em parte sociais, em parte fisiológicas. O mundo, não menos hoje que em qualquer época passada, baseia-se numa competição de vida e morte: a questão em pauta durante a guerra era saber se as crianças alemãs ou aliadas deveriam morrer de miséria ou de fome. (À parte a malevolência de ambos os lados, não havia a menor razão para que tanto umas como as outras não devessem sobreviver.) As pessoas trazem, no fundo de suas mentes, um medo aterrorizante da ruína; isso se verifica especialmente em quem tem filhos. Os ricos temem que os bolcheviques confisquem seus investimentos; os pobres temem perder seus empregos ou a saúde. Todos se acham empenhados na busca frenética de "segurança" e imaginam que ela deva ser alcançada mantendo-se sob sujeição os inimigos potenciais. É nos momentos de pânico que a crueldade se torna mais ampla e mais atroz. Reacionários de todas as partes apelam ao medo: na Inglaterra, ao medo do bolchevismo; na França, ao medo da Alemanha; na Alemanha, ao medo da França. E, no entanto, a única consequência de seus apelos é o recrudescimento do perigo contra o qual desejam estar protegidos.

Combater o medo, portanto, deve ser uma das preocupações primordiais do moralista dotado de postura científica. Pode-se fazê-lo de duas maneiras: aumentando a segurança e cultivando a coragem. Refiro-me ao medo como uma paixão irracional, e não como previsão racional de possíveis infortúnios. Quando um teatro é tomado por um incêndio, o homem racional prevê o desastre tão claramente quanto o homem tomado de pânico, mas adota métodos prováveis de reduzir o desastre, ao passo que o homem tomado de pânico o agrava. A Europa, desde 1914, vem-se afigurando como uma audiência tomada de pânico, em meio a um teatro em chamas; necessita-se é de calma, de instruções peremptórias quanto à maneira de nos salvarmos do fogo, sem que, nesse processo, nos despedacemos pisoteando uns aos outros. A era vitoriana, a despeito de todas as suas mistificações, constituiu um período de rápido progresso, na medida em que os homens eram dominados mais pela esperança que pelo medo. Para que uma vez mais possamos progredir, precisamos uma vez mais nos deixar dominar pela esperança.

Tudo o que aumenta a segurança geral tende a diminuir a crueldade. Isso se aplica à prevenção da guerra, seja por meio do auxílio da Liga das Nações, seja por meio diverso; à prevenção da pobreza; a uma melhor saúde com melhorias na medicina, na higiene e no saneamento; e a todos os métodos que tenham por objetivo aplacar os terrores que espreitam nos abismos da mente humana e irrompem como pesadelos quando os homens dormem. Mas nada se poderá conseguir procurando garantir a segurança de uma parte da humanidade à custa de outra – dos franceses à custa dos alemães, dos capitalistas à custa dos assalariados, dos brancos à custa dos amarelos, e assim por diante. Métodos como esses só farão aumentar o terror dentro do grupo dominante, receoso de que o ressentimento leve os oprimidos a rebelar-se. Somente a justiça pode conferir segurança; e por "justiça" me refiro ao reconhecimento da igualdade de direitos entre todos os seres humanos.

A par das mudanças sociais destinadas a proporcionar segurança, há ainda um outro meio, mais direto, de diminuir o medo, isto é, um regime destinado a aumentar a coragem. Devido à importância da coragem nas batalhas, desde cedo os homens descobriram meios de elevá-la, mediante a educação e a dieta – comer carne humana, por exemplo, supunha-se útil. Mas a coragem militar devia ser prerrogativa da casta dominante: logo, os espartanos deveriam ter mais coragem que os hilotas; os oficiais britânicos, mais que os soldados hindus; os homens, mais que as mulheres; e assim por diante. Durante séculos, supunha-se que a coragem fosse privilégio da aristocracia. Todo aumento de coragem verificado na casta dominante era usado para aumentar as obrigações dos oprimidos; portanto, para aumentar os fundamentos do medo entre os opressores e manter numerosas as causas da crueldade. A coragem deve ser democratizada antes que possa tornar os homens humanos.

Em grande parte, a coragem já foi democratizada pelos acontecimentos recentes.

As sufragistas demostraram ter tanta coragem quanto os homens mais bravos; tal demonstração foi essencial para granjear-lhes o direito de voto. Na guerra, o soldado raso necessitava de tanta coragem quanto um capitão ou tenente, e muito mais do que um general; isso muito teve a ver com sua ausência de espírito servil após a desmobilização. Os bolcheviques, que se proclamam os defensores do proletariado, não demonstram carecer de coragem, diga-se deles o que se quiser. Seu histórico pré-revolucionário é prova disso. No Japão, onde outrora o samurai detinha o monopólio do ardor marcial, o recrutamento para o serviço militar obrigatório levou a coragem a se fazer necessária junto a toda a população masculina. Assim, entre todas as Grandes Potências muito se fez, durante o último meio século, no sentido de tornar a coragem não mais um monopólio aristocrático: não houvesse sido assim, a ameaça à democracia seria muito maior do que é.

Mas a coragem em combate de modo algum constitui a única forma de coragem – sequer, talvez, a mais importante. Há coragem no enfrentamento da pobreza, no enfrentamento do escárnio, no enfrentamento da hostilidade de nosso próprio rebanho. Nesses casos, os mais bravos soldados são, muitas vezes, lamentavelmente deficientes. Há, também e acima de tudo, a coragem de se pensar calma e racionalmente diante do perigo e de se reprimir o impulso do medo-pânico e do ódio-pânico. São essas coisas que certamente a educação pode ajudar a proporcionar. E o ensino de todas as formas de coragem torna-se mais fácil quando se pode contar com boa saúde, a mente sã, uma alimentação adequada e a liberdade para exercer os impulsos fundamentais. Talvez fosse possível descobrir as fontes fisiológicas da coragem comparando-se o sangue de um gato com o de um coelho. Ao que tudo indica, não há limite para o que a ciência poderia fazer no sentido de aumentar a coragem – mediante, por exemplo, a experiência do perigo, uma vida atlética e uma dieta adequada. De todas essas coisas gozam em grande medida nossos rapazes da classe alta, mas até o momento são elas essencialmente uma prerrogativa dos ricos. A coragem estimulada nos segmentos mais pobres da comunidade não é senão uma coragem subserviente, não o tipo que envolve iniciativa e liderança. Quando as qualidades que hoje conferem liderança se tornarem universais, já não haverá líderes e seguidores, e a democracia por fim terá sido concretizada.

Mas o medo não é a única fonte de maldade; a inveja e as desilusões têm também a sua cota. A inveja de aleijados e corcundas é proverbial como fonte de perversidade, mas outros infortúnios além desses produzem resultados similares. Um homem ou uma mulher frustrados sexualmente tendem a mostrar-se repletos de inveja; geralmente isso se expressa na forma de condenação moral aos mais afortunados. Muito da força motriz contida nos movimentos revolucionários se deve à inveja aos ricos. O ciúme é, naturalmente, uma forma especial de inveja – a inveja do amor. Os velhos não raro invejam os jovens; quando o fazem, tendem a tratá-los com crueldade.

Não há, até onde sei, maneira pela qual se possa lidar com a inveja, senão tornando mais feliz e plena a vida dos invejosos e acalentando nos jovens a ideia de empreendimentos coletivos, em lugar da competição. As piores espécies de inveja se manifestam naqueles que não têm uma vida plena no tocante a casamento, filhos ou carreira. Na maioria dos casos, esses infortúnios poderiam ser evitados com instituições sociais mais eficientes. Todavia, deve-se admitir que um resíduo de inveja tende a persistir. Há, na história, muitos exemplos de generais tão ciumentos uns dos outros que, a realçar a reputação alheia, preferiram a derrota. Dois políticos do mesmo partido ou dois artistas da mesma escola quase que invariavelmente sentem ciúme um do outro. Em tais casos, ao que parece, não há nada a ser feito, exceto providenciar, na medida do possível, para que cada competidor não tenha condições de prejudicar o outro e que vença por maior mérito. O ciúme de um artista por seu rival geralmente acarreta pouco dano, já que a única maneira eficaz de ceder a isso é pintar quadros melhores que os do rival, pois que não lhe é dado destruí-los. Onde a inveja for inevitável, devemos utilizá-la como estímulo para nossos próprios esforços, e não para frustrar os esforços de nossos rivais.

As possibilidades da ciência no sentido de aumentar a felicidade dos homens não se restringem à redução daqueles aspectos da natureza humana que levam à derrota mútua e pelos quais somos classificados como "maus". Não há, provavelmente, limite para o que a ciência pode fazer no sentido de aumentar a excelência positiva. A saúde pública, por exemplo, já foi bastante melhorada; apesar das lamúrias dos que idealizam o passado, vivemos mais tempo e somos acometidos de menos enfermidades do que qualquer classe social ou nação do século XVIII. Se aplicarmos um pouco mais o conhecimento de que já dispomos, poderemos ser muito mais saudáveis do que somos hoje. Além do mais, as descobertas futuras tendem a acelerar esse processo consideravelmente.

Até agora, foi a ciência física a que mais efeitos produziu sobre nossas vidas, mas, no futuro, é provável que a fisiologia e a psicologia venham a ser muito mais poderosas. Quando descobrirmos de que modo o caráter depende de condições fisiológicas, seremos capazes, caso escolhamos, de produzir um número muito maior do tipo de ser humano que admiramos. Inteligência, capacidade artística, benevolência — não há dúvida de que todas essas coisas poderiam ser ampliadas com a ciência. Ao que parece, não há qualquer limite para o que poderá ser feito no sentido de produzir um mundo satisfatório, caso os homens sabiamente se utilizem da ciência. Em outra ocasião, expressei meu receio quanto à possibilidade de que os homens não façam um uso prudente do poder que obtêm com a ciência.* Neste momento, estou interessado no bem que os homens poderiam fazer se quisessem, e não se, em vez disso, preferirão fazer o mal.

Há uma certa atitude, no tocante à aplicação da ciência à vida humana, pela qual tenho alguma simpatia, ainda que, em última análise, não concorde com ela. Trata-se da atitude dos que temem aquilo que é "antinatural". Rousseau, evidentemente, é o grande defensor desse ponto de vista na Europa. Na Ásia, Lao-Tse o expôs de maneira ainda mais persuasiva – e isso 2.400 anos antes. Creio haver uma mescla de verdade e falsidade na admiração da "natureza", da qual é importante que nos desvinculemos. Para começar, o que é "natural"? *Grosso modo*, tudo aquilo com que o falante estava acostumado na infância. Lao-Tse opõe-se a estradas, carruagens e barcos, coisas que eram provavelmente desconhecidas na aldeia em que ele nasceu. Rousseau, por sua parte, estava acostumado com elas e não as considerava contrárias à natureza. Mas não há dúvida de que teria amaldiçoado as estradas de ferro se tivesse vivido para vê-las nascer. As roupas e a culinária são demasiado antigas para

---

* Ver *Icarus*.

que as denunciem os apóstolos da natureza, não obstante todos eles se oponham às novas modas que ambas adotam. O controle de natalidade é tido como perverso por aqueles que toleram o celibato, haja vista que o primeiro constitui uma nova violação da natureza, ao passo que o segundo, uma velha violação. Aqueles que pregam em favor da "natureza" são inconsistentes sob todos esses aspectos, de sorte que nos sentimos tentados a considerá-los meros conservadores.

Entretanto, há algo a dizer em seu favor: tomemos como exemplo as vitaminas, cuja descoberta produziu uma reação favorável aos alimentos "naturais". Parece, contudo, que as vitaminas podem ser supridas pelo óleo de fígado de bacalhau e pela luz elétrica, que por certo não fazem parte da dieta "natural" de um ser humano. Esse caso ilustra que, na ausência de conhecimento, um mal inesperado pode ser provocado por um novo afastamento da natureza; mas, no momento em que se passa a compreender esse mal, normalmente se pode remediá-lo com alguma nova artificialidade. No que diz respeito a nosso ambiente físico e aos meios físicos de satisfazermos a nossos desejos, não creio que a doutrina da "natureza" justifique algo mais do que uma certa cautela na adoção de novas experiências. O uso de roupas, por exemplo, constitui uma prática contrária à natureza e precisa ser suplementada por uma outra prática "antinatural", isto é, sua lavagem, se não quisermos que provoquem doenças. Mas as duas práticas juntas tornam o homem mais saudável do que o selvagem que se abstém de ambas.

Há mais a ser dito em prol da "natureza" no campo dos desejos humanos. Impor a um homem, a uma mulher ou a uma criança uma vida que frustre seus impulsos mais intensos é tanto cruel como perigoso; nesse sentido, uma vida em conformidade com a natureza deve ser recomendada, sob certas condições. Nada poderia ser mais artificial do que uma ferrovia elétrica subterrânea, e nem por isso é violentada a natureza de uma criança por ter de viajar nela; pelo contrário, quase todas as crianças consideram a experiência encantadora. As artificialidades que satisfazem aos desejos dos seres humanos comuns são boas. Mas não há nada a dizer em defesa de formas de vida que são artificiais no sentido de que são impostas por uma autoridade ou por necessidade econômica. Não há dúvida de que tais formas de vida sejam, em certa medida, necessárias atualmente; as viagens oceânicas se tornariam muito complicadas caso não houvesse foguistas nos vapores. Mas necessidades dessa espécie são lamentáveis, donde deveríamos buscar maneiras de evitá-las. Uma certa dose de trabalho não é algo de que possamos nos queixar; na verdade, de nove em dez casos ela torna o homem mais feliz do que o ócio total. Mas a quantidade e o tipo de trabalho que a maioria das pessoas tem de exercer atualmente constitui em um grave mal: particularmente nociva é a sujeição à rotina ao longo de toda uma existência. A vida não deveria ser tão rigorosamente controlada nem tão metódica. Nossos impulsos, quando não fossem efetivamente destrutivos ou danosos aos outros, deveriam, se possível, ter curso livre; deveria haver espaço para a aventura. Deveríamos respeitar a natureza humana, na medida em que nossos impulsos e desejos constituem o material do qual deve ser feita a nossa felicidade. É inútil dar aos homens algo abstratamente considerado como "bom"; devemos dar-lhes algo que desejem ou de que necessitem, se quisermos contribuir para sua felicidade. Com o tempo, talvez a ciência aprenda a moldar nossos desejos de modo que não contrastem com os desejos dos outros na mesma medida em que contrastam hoje; estaremos aptos, pois, a satisfazer a uma proporção muito maior de desejos do que atualmente. Nesse sentido, mas somente nesse sentido, nossos desejos terão se tornado "melhores". Um simples desejo, considerado isoladamente, não é melhor nem pior do que qualquer outro; mas um grupo de desejos será melhor do que um outro se todos os desejos que o compõem se realizarem simultaneamente, ao passo que, no outro grupo, forem incompatíveis entre si. Eis por que o amor é melhor do que o ódio.

O respeito à natureza física é pura tolice; a natureza física deve ser estudada no intuito de se fazer com que sirva, tanto quanto possível, aos propósitos humanos, ainda que, do ponto de vista ético, ela permaneça nem boa, nem má. E quando a natureza física e a natureza humana interagem, como na questão populacional, não há necessidade de que juntemos as mãos numa atitude de passiva adoração e aceitemos a guerra, a epidemia e a fome como os únicos meios de lidar com o excesso de fertilidade. Dizem os clérigos: é pecaminoso, nessa questão, aplicar a ciência ao lado físico do problema; devemos (dizem eles) aplicar a moralidade ao lado humano e praticar a abstinência. À parte o fato de que todos, inclusive os clérigos, sabem que seu conselho não será seguido, por que motivo deveria ser pecaminoso solucionar a questão populacional com a adoção de meios físicos para prevenir a concepção? Nenhuma resposta surgirá, salvo aquela baseada em dogmas antiquados. E, por certo, a violência contra a natureza defendida pelos clérigos é no mínimo tão grande quanto a contida no controle de natalidade. Os clérigos preferem a violência contra a natureza humana, violência que, quando praticada com êxito, acarreta a infelicidade, a inveja, uma tendência à perseguição e não raro a loucura. Prefiro a "violência" contra a natureza física, que é da mesma espécie que aquela referente à máquina a vapor ou mesmo ao uso do guarda-chuva. Esse exemplo mostra quão ambígua e incerta é a aplicação do princípio de que deveríamos seguir a "natureza".

A natureza, mesmo a natureza humana, cada vez mais deixará de ser um dado absoluto; há de tornar-se, cada vez mais, o resultado da manipulação científica. Poderá a ciência, caso queira, permitir que nossos netos vivam uma vida plena, ao proporcionar-lhes conhecimento, autocontrole e atributos que produzam harmonia, em vez de discórdia. No momento, ela está ensinando nossos filhos a matarem uns aos outros, visto que muitos homens de ciência estão dispostos a sacrificar o futuro da humanidade em troca de sua momentânea prosperidade. Mas essa fase passará quando os homens tiverem adquirido sobre suas paixões o mesmo domínio que já possuem sobre as forças do mundo exterior. Finalmente, então, teremos conquistado nossa liberdade.

Coleção L&PM POCKET (LANÇAMENTOS MAIS RECENTES)

115. A relíquia – Eça de Queiroz
117. Livro do corpo – Vários
118. Lira dos 20 anos – Álvares de Azevedo
119. Esaú e Jacó – Machado de Assis
120. A barcarola – Pablo Neruda
121. Os conquistadores – Júlio Verne
122. Contos breves – G. Apollinaire
123. Taipi – Herman Melville
124. Livro dos desafioros – org. de Sergio Faraco
125. A mão e a luva – Machado de Assis
126. Doutor Miragem – Moacyr Scliar
127. O penitente – Isaac B. Singer
128. Diários da descoberta da América – Cristóvão Colombo
129. Édipo Rei – Sófocles
130. Romeu e Julieta – Shakespeare
131. Hollywood – Bukowski
132. Billy the Kid – Pat Garrett
133. Cuca fundida – Woody Allen
134. O jogador – Dostoiévski
135. O livro da selva – Rudyard Kipling
136. O vale do terror – Arthur Conan Doyle
137. Dançar tango em Porto Alegre – S. Faraco
138. O gaúcho – Carlos Reverbel
139. A volta ao mundo em oitenta dias – J. Verne
140. O livro dos esnobes – W. M. Thackeray
141. Amor & morte em Poodle Springs – Raymond Chandler & R. Parker
142. As aventuras de David Balfour – Stevenson
143. Alice no país das maravilhas – Lewis Carroll
144. A ressurreição – Machado de Assis
145. Inimigos, uma história de amor – I. Singer
146. O Guarani – José de Alencar
147. A cidade e as serras – Eça de Queiroz
148. Eu e outras poesias – Augusto dos Anjos
149. A mulher de trinta anos – Balzac
150. Pomba enamorada – Lygia F. Telles
151. Contos fluminenses – Machado de Assis
152. Antes de Adão – Jack London
153. Intervalo amoroso – A.Romano de Sant'Anna
154. Memorial de Aires – Machado de Assis
155. Naufrágios e comentários – Cabeza de Vaca
156. Ubirajara – José de Alencar
157. Textos anarquistas – Bakunin
159. Amor de salvação – Camilo Castelo Branco
160. O gaúcho – José de Alencar
161. O livro das maravilhas – Marco Polo
162. Inocência – Visconde de Taunay
163. Helena – Machado de Assis
164. Uma estação de amor – Horácio Quiroga
165. Poesia reunida – Martha Medeiros
166. Memórias de Sherlock Holmes – Conan Doyle
167. A vida de Mozart – Stendhal
168. O primeiro terço – Neal Cassady
169. O mandarim – Eça de Queiroz
170. Um espinho de marfim – Marina Colasanti
171. A ilustre Casa de Ramires – Eça de Queiroz
172. Lucíola – José de Alencar
173. Antígona – Sófocles – trad. Donaldo Schüler
174. Otelo – William Shakespeare
175. Antologia – Gregório de Matos
176. A liberdade de imprensa – Karl Marx
177. Casa de pensão – Aluísio Azevedo
178. São Manuel Bueno, Mártir – Unamuno
179. Primaveras – Casimiro de Abreu
180. O noviço – Martins Pena
181. O sertanejo – José de Alencar
182. Eurico, o presbítero – Alexandre Herculano
183. O signo dos quatro – Conan Doyle
184. Sete anos no Tibet – Heinrich Harrer
185. Vagamundo – Eduardo Galeano
186. De repente acidentes – Carl Solomon
187. As minas de Salomão – Rider Haggar
188. Uivo – Allen Ginsberg
189. A ciclista solitária – Conan Doyle
190. Os seis bustos de Napoleão – Conan Doyle
191. Cortejo do divino – Nelida Piñon
194. Os crimes do amor – Marquês de Sade
195. Besame Mucho – Mário Prata
196. Tuareg – Alberto Vázquez-Figueroa
197. O longo adeus – Raymond Chandler
199. Notas de um velho safado – Bukowski
200. 111 ais – Dalton Trevisan
201. O nariz – Nicolai Gogol
202. O capote – Nicolai Gogol
203. Macbeth – William Shakespeare
204. Heráclito – Donaldo Schüler
205. Você deve desistir, Osvaldo – Cyro Martins
206. Memórias de Garibaldi – A. Dumas
207. A arte da guerra – Sun Tzu
208. Fragmentos – Caio Fernando Abreu
209. Festa no castelo – Moacyr Scliar
210. O grande deflorador – Dalton Trevisan
212. Homem do príncipio ao fim – Millôr Fernandes
213. Aline e seus dois namorados (1) – A. Iturrusgarai
214. A juba do leão – Sir Arthur Conan Doyle
215. Assassino metido a esperto – R. Chandler
216. Confissões de um comedor de ópio – Thomas De Quincey
217. Os sofrimentos do jovem Werther – Goethe
218. Fedra – Racine / Trad. Millôr Fernandes
219. O vampiro de Sussex – Conan Doyle
220. Sonho de uma noite de verão – Shakespeare
221. Dias e noites de amor e de guerra – Galeano
222. O Profeta – Khalil Gibran
223. Flávia, cabeça, tronco e membros – M. Fernandes
224. Guia da ópera – Jeanne Suhamy
225. Macário – Álvares de Azevedo
226. Etiqueta na prática – Celia Ribeiro
227. Manifesto do partido comunista – Marx & Engels
228. Poemas – Millôr Fernandes
229. Um inimigo do povo – Henrik Ibsen
230. O paraíso destruído – Frei B. de las Casas
231. O gato no escuro – Josué Guimarães
232. O mágico de Oz – L. Frank Baum
233. Armas no Cyrano's – Raymond Chandler
234. Max e os felinos – Moacyr Scliar
235. Nos céus de Paris – Alcy Cheuiche
236. Os bandoleiros – Schiller

237. **A primeira coisa que eu botei na boca** – Deonísio da Silva
238. **As aventuras de Simbad, o marújo**
239. **O retrato de Dorian Gray** – Oscar Wilde
240. **A carteira de meu tio** – J. Manuel de Macedo
241. **A luneta mágica** – J. Manuel de Macedo
242. **A metamorfose** – Kafka
243. **A flecha de ouro** – Joseph Conrad
244. **A ilha do tesouro** – R. L. Stevenson
245. **Marx - Vida & Obra** – José A. Giannotti
246. **Gênesis**
247. **Unidos para sempre** – Ruth Rendell
248. **A arte de amar** – Ovídio
249. **O sono eterno** – Raymond Chandler
250. **Novas receitas do Anonymus Gourmet** – J.A.P.M.
251. **A nova catacumba** – Arthur Conan Doyle
252. **Dr. Negro** – Arthur Conan Doyle
253. **Os voluntários** – Moacyr Scliar
254. **A bela adormecida** – Irmãos Grimm
255. **O príncipe sapo** – Irmãos Grimm
256. **Confissões e Memórias** – H. Heine
257. **Viva o Alegrete** – Sergio Faraco
258. **Vou estar esperando** – R. Chandler
259. **A senhora Beate e seu filho** – Schnitzler
260. **O ovo apunhalado** – Caio Fernando Abreu
261. **O ciclo das águas** – Moacyr Scliar
262. **Millôr Definitivo** – Millôr Fernandes
264. **Viagem ao centro da Terra** – Júlio Verne
265. **A dama do lago** – Raymond Chandler
266. **Caninos brancos** – Jack London
267. **O médico e o monstro** – R. L. Stevenson
268. **A tempestade** – William Shakespeare
269. **Assassinatos na rua Morgue** – E. Allan Poe
270. **99 corruíras nanicas** – Dalton Trevisan
271. **Broquéis** – Cruz e Sousa
272. **Mês de cães danados** – Moacyr Scliar
273. **Anarquistas – vol. 1 – A idéia** – G.Woodcock
274. **Anarquistas – vol. 2 – O movimento** – G.Woodcock
275. **Pai e filho, filho e pai** – Moacyr Scliar
276. **As aventuras de Tom Sawyer** – Mark Twain
277. **Muito barulho por nada** – W. Shakespeare
278. **Elogio da loucura** – Erasmo
279. **Autobiografia de Alice B. Toklas** – G. Stein
280. **O chamado da floresta** – J. London
281. **Uma agulha para o diabo** – Ruth Rendell
282. **Verdes vales do fim do mundo** – A. Bivar
283. **Ovelhas negras** – Caio Fernando Abreu
284. **O fantasma de Canterville** – O. Wilde
285. **Receitas de Yayá Ribeiro** – Celia Ribeiro
286. **A galinha degolada** – H. Quiroga
287. **O último adeus de Sherlock Holmes** – A. Conan Doyle
288. **A. Gourmet em Histórias de cama & mesa** – J. A. Pinheiro Machado
289. **Topless** – Martha Medeiros
290. **Mais receitas do Anonymus Gourmet** – J. A. Pinheiro Machado
291. **Origens do discurso democrático** – D. Schüler
292. **Humor politicamente incorreto** – Nani
293. **O teatro do bem e do mal** – E. Galeano
294. **Garibaldi & Manoela** – J. Guimarães
295. **10 dias que abalaram o mundo** – John Reed
296. **Numa fria** – Bukowski
297. **Poesia de Florbela Espanca** vol. 1
298. **Poesia de Florbela Espanca** vol. 2
299. **Escreva certo** – E. Oliveira e M. E. Bernd
300. **O vermelho e o negro** – Stendhal
301. **Ecce homo** – Friedrich Nietzsche
302(7). **Comer bem, sem culpa** – Dr. Fernando Lucchese, A. Gourmet e Iotti
303. **O livro de Cesário Verde** – Cesário Verde
305. **100 receitas de macarrão** – S. Lancellotti
306. **160 receitas de molhos** – S. Lancellotti
307. **100 receitas light** – H. e Â. Tonetto
308. **100 receitas de sobremesas** – Celia Ribeiro
309. **Mais de 100 dicas de churrasco** – Leon Diziekaniak
310. **100 receitas de acompanhamentos** – C. Cabeda
311. **Honra ou vendetta** – S. Lancellotti
312. **A alma do homem sob o socialismo** – Oscar Wilde
313. **Tudo sobre Yôga** – Mestre De Rose
314. **Os varões assinalados** – Tabajara Ruas
315. **Édipo em Colono** – Sófocles
316. **Lisístrata** – Aristófanes / trad. Millôr
317. **Sonhos de Bunker Hill** – John Fante
318. **Os deuses de Raquel** – Moacyr Scliar
319. **O colosso de Marússia** – Henry Miller
320. **As eruditas** – Molière / trad. Millôr
321. **Radicci 1** – Iotti
322. **Os Sete contra Tebas** – Ésquilo
323. **Brasil Terra à vista** – Eduardo Bueno
324. **Radicci 2** – Iotti
325. **Júlio César** – William Shakespeare
326. **A carta de Pero Vaz de Caminha**
327. **Cozinha Clássica** – Sílvio Lancellotti
328. **Madame Bovary** – Gustave Flaubert
329. **Dicionário do viajante insólito** – M. Scliar
330. **O capitão saiu para o almoço...** – Bukowski
331. **A carta roubada** – Edgar Allan Poe
332. **É tarde para saber** – Josué Guimarães
333. **O livro de bolso da Astrologia** – Maggy Harrisonx e Mellina Li
334. **1933 foi um ano ruim** – John Fante
335. **100 receitas de arroz** – Aninha Comas
336. **Guia prático do Português correto – vol. 1** – Cláudio Moreno
337. **Bartleby, o escriturário** – H. Melville
338. **Enterrem meu coração na curva do rio** – Dee Brown
339. **Um conto de Natal** – Charles Dickens
340. **Cozinha sem segredos** – J. A. P. Machado
341. **A dama das Camélias** – A. Dumas Filho
342. **Alimentação saudável** – H. e Â. Tonetto
343. **Continhos galantes** – Dalton Trevisan
344. **A Divina Comédia** – Dante Alighieri
345. **A Dupla Sertanojo** – Santiago
346. **Cavalos do amanhecer** – Mario Arregui
347. **Biografia de Vincent van Gogh por sua cunhada** – Jo van Gogh-Bonger
348. **Radicci 3** – Iotti
349. **Nada de novo no front** – E. M. Remarque
350. **A hora dos assassinos** – Henry Miller
351. **Flush – Memórias de um cão** – Virginia Woolf
352. **A guerra no Bom Fim** – M. Scliar
353(1). **O caso Saint-Fiacre** – Simenon
354(2). **Morte na alta sociedade** – Simenon
355(3). **O cão amarelo** – Simenon

356(4). **Maigret e o homem do banco** – Simenon
357. **As uvas e o vento** – Pablo Neruda
358. **On the road** – Jack Kerouac
359. **O coração amarelo** – Pablo Neruda
360. **Livro das perguntas** – Pablo Neruda
361. **Noite de Reis** – William Shakespeare
362. **Manual de ecologia (vol.1)** – J. Lutzenberger
363. **O mais longo dos dias** – Cornelius Ryan
364. **Foi bom prá você?** – Nani
365. **Crepusculário** – Pablo Neruda
366. **A comédia dos erros** – Shakespeare
367(5). **A primeira investigação de Maigret** – Simenon
368(6). **As férias de Maigret** – Simenon
369. **Mate-me por favor (vol.1)** – L. McNeil
370. **Mate-me por favor (vol.2)** – L. McNeil
371. **Carta ao pai** – Kafka
372. **Os vagabundos iluminados** – J. Kerouac
373(7). **O enforcado** – Simenon
374(8). **A fúria de Maigret** – Simenon
375. **Vargas, uma biografia política** – H. Silva
376. **Poesia reunida (vol.1)** – A. R. de Sant'Anna
377. **Poesia reunida (vol.2)** – A. R. de Sant'Anna
378. **Alice no país do espelho** – Lewis Carroll
379. **Residência na Terra 1** – Pablo Neruda
380. **Residência na Terra 2** – Pablo Neruda
381. **Terceira Residência** – Pablo Neruda
382. **O delírio amoroso** – Bocage
383. **Futebol ao sol e à sombra** – E. Galeano
384(9). **O porto das brumas** – Simenon
385(10). **Maigret e seu morto** – Simenon
386. **Radicci 4** – Iotti
387. **Boas maneiras & sucesso nos negócios** – Celia Ribeiro
388. **Uma história Farroupilha** – M. Scliar
389. **Na mesa ninguém envelhece** – J. A. Pinheiro Machado
390. **200 receitas inéditas do Anonymous Gourmet** – J. A. Pinheiro Machado
391. **Guia prático do Português correto – vol.2** – Cláudio Moreno
392. **Breviário das terras do Brasil** – Assis Brasil
393. **Cantos Cerimoniais** – Pablo Neruda
394. **Jardim de Inverno** – Pablo Neruda
395. **Antonio e Cleópatra** – William Shakespeare
396. **Tróia** – Cláudio Moreno
397. **Meu tio matou um cara** – Jorge Furtado
398. **O anatomista** – Federico Andahazi
399. **As viagens de Gulliver** – Jonathan Swift
400. **Dom Quixote** – (v. 1) Miguel de Cervantes
401. **Dom Quixote** – (v. 2) Miguel de Cervantes
402. **Sozinho no Pólo Norte** – Thomaz Brandolin
403. **Matadouro 5** – Kurt Vonnegut
404. **Delta de Vênus** – Anaïs Nin
405. **O melhor de Hagar 2** – Dik Browne
406. **É grave Doutor?** – Nani
407. **Orai pornô** – Nani
408(11). **Maigret em Nova York** – Simenon
409(12). **O assassino sem rosto** – Simenon
410(13). **O mistério das jóias roubadas** – Simenon
411. **A irmãzinha** – Raymond Chandler
412. **Três contos** – Gustave Flaubert
413. **De ratos e homens** – John Steinbeck
414. **Lazarilho de Tormes** – Anônimo do séc. XVI
415. **Triângulo das águas** – Caio Fernando Abreu
416. **100 receitas de carnes** – Sílvio Lancellotti
417. **Histórias de robôs**: vol. 1 – org. Isaac Asimov
418. **Histórias de robôs**: vol. 2 – org. Isaac Asimov
419. **Histórias de robôs**: vol. 3 – org. Isaac Asimov
420. **O país dos centauros** – Tabajara Ruas
421. **A república de Anita** – Tabajara Ruas
422. **A carga dos lanceiros** – Tabajara Ruas
423. **Um amigo de Kafka** – Isaac Singer
424. **As alegres matronas de Windsor** – Shakespeare
425. **Amor e exílio** – Isaac Bashevis Singer
426. **Use & abuse do seu signo** – Marília Fiorillo e Marylou Simonsen
427. **Pigmaleão** – Bernard Shaw
428. **As fenícias** – Eurípides
429. **Everest** – Thomaz Brandolin
430. **A arte de furtar** – Anônimo do séc. XVI
431. **Billy Bud** – Herman Melville
432. **A rosa separada** – Pablo Neruda
433. **Elegia** – Pablo Neruda
434. **A garota de Cassidy** – David Goodis
435. **Como fazer a guerra: máximas de Napoleão** – Balzac
436. **Poemas escolhidos** – Emily Dickinson
437. **Gracias por el fuego** – Mario Benedetti
438. **O sofá** – Crébillon Fils
439. **O "Martín Fierro"** – Jorge Luis Borges
440. **Trabalhos de amor perdidos** – W. Shakespeare
441. **O melhor de Hagar 3** – Dik Browne
442. **Os Maias (volume1)** – Eça de Queiroz
443. **Os Maias (volume2)** – Eça de Queiroz
444. **Anti-Justine** – Restif de La Bretonne
445. **Juventude** – Joseph Conrad
446. **Contos** – Eça de Queiroz
447. **Janela para a morte** – Raymond Chandler
448. **Um amor de Swann** – Marcel Proust
449. **À paz perpétua** – Immanuel Kant
450. **A conquista do México** – Hernan Cortez
451. **Defeitos escolhidos e 2000** – Pablo Neruda
452. **O casamento do céu e do inferno** – William Blake
453. **A primeira viagem ao redor do mundo** – Antonio Pigafetta
454(14). **Uma sombra na janela** – Simenon
455(15). **A noite da encruzilhada** – Simenon
456(16). **A velha senhora** – Simenon
457. **Sartre** – Annie Cohen-Solal
458. **Discurso do método** – René Descartes
459. **Garfield em grande forma (1)** – Jim Davis
460. **Garfield está de dieta (2)** – Jim Davis
461. **O livro das feras** – Patricia Highsmith
462. **Viajante solitário** – Jack Kerouac
463. **Auto da barca do inferno** – Gil Vicente
464. **O livro vermelho dos pensamentos de Millôr** – Millôr Fernandes
465. **O livro dos abraços** – Eduardo Galeano
466. **Voltaremos!** – José Antonio Pinheiro Machado
467. **Rango** – Edgar Vasques
468(8). **Dieta mediterrânea** – Dr. Fernando Lucchese e José Antonio Pinheiro Machado
469. **Radicci 5** – Iotti
470. **Pequenos pássaros** – Anaïs Nin
471. **Guia prático do Português correto – vol.3** – Cláudio Moreno

472. **Atire no pianista** – David Goodis
473. **Antologia Poética** – García Lorca
474. **Alexandre e César** – Plutarco
475. **Uma espiã na casa do amor** – Anaïs Nin
476. **A gorda do Tiki Bar** – Dalton Trevisan
477. **Garfield um gato de peso (3)** – Jim Davis
478. **Canibais** – David Coimbra
479. **A arte de escrever** – Arthur Schopenhauer
480. **Pinóquio** – Carlo Collodi
481. **Misto-quente** – Bukowski
482. **A lua na sarjeta** – David Goodis
483. **O melhor do Recruta Zero (1)** – Mort Walker
484. **Aline: TPM – tensão pré-monstrual (2)** – Adão Iturrusgarai
485. **Sermões do Padre Antonio Vieira**
486. **Garfield numa boa (4)** – Jim Davis
487. **Mensagem** – Fernando Pessoa
488. **Vendeta** seguido de **A paz conjugal** – Balzac
489. **Poemas de Alberto Caeiro** – Fernando Pessoa
490. **Ferragus** – Honoré de Balzac
491. **A duquesa de Langeais** – Honoré de Balzac
492. **A menina dos olhos de ouro** – Honoré de Balzac
493. **O lírio do vale** – Honoré de Balzac
494. (17). **A barcaça da morte** – Simenon
495. (18). **As testemunhas rebeldes** – Simenon
496. (19). **Um engano de Maigret** – Simenon
497. (1). **A noite das bruxas** – Agatha Christie
498. (2). **Um passe de mágica** – Agatha Christie
499. (3). **Nêmesis** – Agatha Christie
500. **Esboço para uma teoria das emoções** – Sartre
501. **Renda básica de cidadania** – Eduardo Suplicy
502. (1). **Pílulas para viver melhor** – Dr. Lucchese
503. (2). **Pílulas para prolongar a juventude** – Dr. Lucchese
504. (3). **Desembarcando o diabetes** – Dr. Lucchese
505. (4). **Desembarcando o sedentarismo** – Dr. Fernando Lucchese e Cláudio Castro
506. (5). **Desembarcando a hipertensão** – Dr. Lucchese
507. (6). **Desembarcando o colesterol** – Dr. Fernando Lucchese e Fernanda Lucchese
508. **Estudos de mulher** – Balzac
509. **O terceiro tira** – Flann O'Brien
510. **100 receitas de aves e ovos** – J. A. P. Machado
511. **Garfield em toneladas de diversão (5)** – Jim Davis
512. **Trem-bala** – Martha Medeiros
513. **Os cães ladram** – Truman Capote
514. **O Kama Sutra de Vatsyayana**
515. **O crime do Padre Amaro** – Eça de Queiroz
516. **Odes de Ricardo Reis** – Fernando Pessoa
517. **O inverno da nossa desesperança** – Steinbeck
518. **Piratas do Tietê (1)** – Laerte
519. **Rê Bordosa: do começo ao fim** – Angeli
520. **O Harlem é escuro** – Chester Himes
521. **Café-da-manhã dos campeões** – Kurt Vonnegut
522. **Eugénie Grandet** – Balzac
523. **O último magnata** – F. Scott Fitzgerald
524. **Carol** – Patricia Highsmith
525. **100 receitas de patisseria** – Sílvio Lancellotti
526. **O fator humano** – Graham Greene
527. **Tristessa** – Jack Kerouac
528. **O diamante do tamanho do Ritz** – Scott Fitzgerald
529. **As melhores histórias de Sherlock Holmes** – Arthur Conan Doyle
530. **Cartas a um jovem poeta** – Rilke
531. (20). **Memórias de Maigret** – Simenon
532. (4). **O misterioso sr. Quin** – Agatha Christie
533. **Os analectos** – Confúcio
534. (21). **Maigret e os homens de bem** – Simenon
535. (22). **O medo de Maigret** – Simenon
536. **Ascensão e queda de César Birotteau** – Balzac
537. **Sexta-feira negra** – David Goodis
538. **Ora bolas – O humor de Mario Quintana** – Juarez Fonseca
539. **Longe daqui aqui mesmo** – Antonio Bivar
540. (5). **É fácil matar** – Agatha Christie
541. **O pai Goriot** – Balzac
542. **Brasil, um país do futuro** – Stefan Zweig
543. **O processo** – Kafka
544. **O melhor de Hagar 4** – Dik Browne
545. (6). **Por que não pediram a Evans?** – Agatha Christie
546. **Fanny Hill** – John Cleland
547. **O gato por dentro** – William S. Burroughs
548. **Sobre a brevidade da vida** – Sêneca
549. **Geraldão (1)** – Glauco
550. **Piratas do Tietê (2)** – Laerte
551. **Pagando o pato** – Ciça
552. **Garfield de bom humor (6)** – Jim Davis
553. **Conhece o Mário?** vol.1 – Santiago
554. **Radicci 6** – Iotti
555. **Os subterrâneos** – Jack Kerouac
556. (1). **Balzac** – François Taillandier
557. (2). **Modigliani** – Christian Parisot
558. (3). **Kafka** – Gérard-Georges Lemaire
559. (4). **Júlio César** – Joël Schmidt
560. **Receitas da família** – J. A. Pinheiro Machado
561. **Boas maneiras à mesa** – Celia Ribeiro
562. (9). **Filhos sadios, pais felizes** – R. Pagnoncelli
563. (10). **Fatos & mitos** – Dr. Fernando Lucchese
564. **Ménage à trois** – Paula Taitelbaum
565. **Mulheres!** – David Coimbra
566. **Poemas de Álvaro de Campos** – Fernando Pessoa
567. **Medo e outras histórias** – Stefan Zweig
568. **Snoopy e sua turma (1)** – Schulz
569. **Piadas para sempre (1)** – Visconde da Casa Verde
570. **O alvo móvel** – Ross Macdonald
571. **O melhor do Recruta Zero (2)** – Mort Walker
572. **Um sonho americano** – Norman Mailer
573. **Os broncos também amam** – Angeli
574. **Crônica de um amor louco** – Bukowski
575. (5). **Freud** – René Major e Chantal Talagrand
576. (6). **Picasso** – Gilles Plazy
577. (7). **Gandhi** – Christine Jordis
578. **A tumba** – H. P. Lovecraft
579. **O príncipe e o mendigo** – Mark Twain
580. **Garfield, um charme de gato (7)** – Jim Davis
581. **Ilusões perdidas** – Balzac
582. **Esplendores e misérias das cortesãs** – Balzac
583. **Walter Ego** – Angeli
584. **Striptiras (1)** – Laerte
585. **Fagundes: um puxa-saco de mão cheia** – Laerte
586. **Depois do último trem** – Josué Guimarães

587. **Ricardo III** – Shakespeare
588. **Dona Anja** – Josué Guimarães
589. **24 horas na vida de uma mulher** – Stefan Zweig
590. **O terceiro homem** – Graham Greene
591. **Mulher no escuro** – Dashiell Hammett
592. **No que acredito** – Bertrand Russell
593. **Odisséia (1): Telemaquia** – Homero
594. **O cavalo cego** – Josué Guimarães
595. **Henrique V** – Shakespeare
596. **Fabulário geral do delírio cotidiano** – Bukowski
597. **Tiros na noite 1: A mulher do bandido** – Dashiell Hammett
598. **Snoopy em Feliz Dia dos Namorados! (2)** – Schulz
599. **Mas não se matam cavalos?** – Horace McCoy
600. **Crime e castigo** – Dostoiévski
601(7). **Mistério no Caribe** – Agatha Christie
602. **Odisséia (2): Regresso** – Homero
603. **Piadas para sempre (2)** – Visconde da Casa Verde
604. **À sombra do vulcão** – Malcolm Lowry
605(8). **Kerouac** – Yves Buin
606. **E agora são cinzas** – Angeli
607. **As mil e uma noites** – Paulo Caruso
608. **Um assassino entre nós** – Ruth Rendell
609. **Crack-up** – F. Scott Fitzgerald
610. **Do amor** – Stendhal
611. **Cartas do Yage** – William Burroughs e Allen Ginsberg
612. **Striptiras (2)** – Laerte
613. **Henry & June** – Anaïs Nin
614. **A piscina mortal** – Ross Macdonald
615. **Geraldão (2)** – Glauco
616. **Tempo de delicadeza** – A. R. de Sant'Anna
617. **Tiros na noite 2: Medo de tiro** – Dashiell Hammett
618. **Snoopy em Assim é a vida, Charlie Brown! (3)** – Schulz
619. **1954 – Um tiro no coração** – Hélio Silva
620. **Sobre a inspiração poética (Íon)** e ... – Platão
621. **Garfield e seus amigos (8)** – Jim Davis
622. **Odisséia (3): Ítaca** – Homero
623. **A louca matança** – Chester Himes
624. **Factótum** – Bukowski
625. **Guerra e Paz: volume 1** – Tolstói
626. **Guerra e Paz: volume 2** – Tolstói
627. **Guerra e Paz: volume 3** – Tolstói
628. **Guerra e Paz: volume 4** – Tolstói
629(9). **Shakespeare** – Claude Mourthé
630. **Bem está o que bem acaba** – Shakespeare
631. **O contrato social** – Rousseau
632. **Geração Beat** – Jack Kerouac
633. **Snoopy: É Natal! (4)** – Charles Schulz
634(8). **Testemunha da acusação** – Agatha Christie
635. **Um elefante no caos** – Millôr Fernandes
636. **Guia de leitura (100 autores que você precisa ler)** – Organização de Léa Masina
637. **Pistoleiros também mandam flores** – David Coimbra
638. **O prazer das palavras** – vol. 1 – Cláudio Moreno
639. **O prazer das palavras** – vol. 2 – Cláudio Moreno
640. **Novíssimo testamento: com Deus e o diabo, a dupla da criação** – Iotti
641. **Literatura Brasileira: modos de usar** – Luís Augusto Fischer
642. **Dicionário de Porto-Alegrês** – Luís A. Fischer
643. **Clô Dias & Noites** – Sérgio Jockymann
644. **Memorial de Isla Negra** – Pablo Neruda
645. **Um homem extraordinário e outras histórias** – Tchékhov
646. **Ana sem terra** – Alcy Cheuiche
647. **Adultérios** – Woody Allen
648. **Para sempre ou nunca mais** – R. Chandler
649. **Nosso homem em Havana** – Graham Greene
650. **Dicionário Caldas Aulete de Bolso**
651. **Snoopy: Posso fazer uma pergunta, professora? (5)** – Charles Schulz
652(10). **Luís XVI** – Bernard Vincent
653. **O mercador de Veneza** – Shakespeare
654. **Cancioneiro** – Fernando Pessoa
655. **Non-Stop** – Martha Medeiros
656. **Carpinteiros, levantem bem alto a cumeeira & Seymour, uma apresentação** – J.D.Salinger
657. **Ensaios céticos** – Bertrand Russell
658. **O melhor de Hagar 5** – Dik e Chris Browne
659. **Primeiro amor** – Ivan Turguêniev
660. **A trégua** – Mario Benedetti
661. **Um parque de diversões da cabeça** – Lawrence Ferlinghetti
662. **Aprendendo a viver** – Sêneca
663. **Garfield, um gato em apuros (9)** – Jim Davis
664. **Dilbert 1** – Scott Adams
665. **Dicionário de dificuldades** – Domingos Paschoal Cegalla
666. **A imaginação** – Jean-Paul Sartre
667. **O ladrão e os cães** – Naguib Mahfuz
668. **Gramática do português contemporâneo** – Celso Cunha
669. **A volta do parafuso** *seguido de* **Daisy Miller** – Henry James
670. **Notas do subsolo** – Dostoiévski
671. **Abobrinhas da Brasilônia** – Glauco
672. **Geraldão (3)** – Glauco
673. **Piadas para sempre (3)** – Visconde da Casa Verde
674. **Duas viagens ao Brasil** – Hans Staden
675. **Bandeira de bolso** – Manuel Bandeira
676. **A arte da guerra** – Maquiavel
677. **Além do bem e do mal** – Nietzsche
678. **O coronel Chabert** *seguido de* **A mulher abandonada** – Balzac
679. **O sorriso de marfim** – Ross Macdonald
680. **100 receitas de pescados** – Sílvio Lancellotti
681. **O juiz e seu carrasco** – Friedrich Dürrenmatt
682. **Noites brancas** – Dostoiévski
683. **Quadras ao gosto popular** – Fernando Pessoa
684. **Romanceiro da Inconfidência** – Cecília Meireles
685. **Kaos** – Millôr Fernandes
686. **A pele de onagro** – Balzac
687. **As ligações perigosas** – Choderlos de Laclos
688. **Dicionário de matemática** – Luiz Fernandes Cardoso
689. **Os Lusíadas** – Luís Vaz de Camões
690(11). **Átila** – Éric Deschodt
691. **Um jeito tranquilo de matar** – Chester Himes
692. **A felicidade conjugal** *seguido de* **O diabo** – Tolstói

693.**Viagem de um naturalista ao redor do mundo** – vol. 1 – Charles Darwin
694.**Viagem de um naturalista ao redor do mundo** – vol. 2 – Charles Darwin
695.**Memórias da casa dos mortos** – Dostoiévski
696.**A Celestina** – Fernando de Rojas
697.**Snoopy: Como você é azarado, Charlie Brown! (6)** – Charles Schulz
698.**Dez (quase) amores** – Claudia Tajes
699(9).**Poirot sempre espera** – Agatha Christie
700.**Cecília de bolso** – Cecília Meireles
701.**Apologia de Sócrates** precedido de **Êutifron e** seguido de **Críton** – Platão
702.**Wood & Stock** – Angeli
703.**Striptiras (3)** – Laerte
704.**Discurso sobre a origem e os fundamentos da desigualdade entre os homens** – Rousseau
705.**Os duelistas** – Joseph Conrad
706.**Dilbert (2)** – Scott Adams
707.**Viver e escrever (vol. 1)** – Edla van Steen
708.**Viver e escrever (vol. 2)** – Edla van Steen
709.**Viver e escrever (vol. 3)** – Edla van Steen
710(10).**A teia da aranha** – Agatha Christie
711.**O banquete** – Platão
712.**Os belos e malditos** – F. Scott Fitzgerald
713.**Libelo contra a arte moderna** – Salvador Dalí
714.**Akropolis** – Valerio Massimo Manfredi
715.**Devoradores de mortos** – Michael Crichton
716.**Sob o sol da Toscana** – Frances Mayes
717.**Batom na cueca** – Nani
718.**Vida dura** – Claudia Tajes
719.**Carne trêmula** – Ruth Rendell
720.**Cris, a fera** – David Coimbra
721.**O anticristo** – Nietzsche
722.**Como um romance** – Daniel Pennac
723.**Emboscada no Forte Bragg** – Tom Wolfe
724.**Assédio sexual** – Michael Crichton
725.**O espírito do Zen** – Alan W.Watts
726.**Um bonde chamado desejo** – Tennessee Williams
727.**Como gostais** seguido de **Conto de inverno** – Shakespeare
728.**Tratado sobre a tolerância** – Voltaire
729.**Snoopy: Doces ou travessuras? (7)** – Charles Schulz
730.**Cardápios do Anonymus Gourmet** – J.A. Pinheiro Machado
731.**100 receitas com lata** – J.A. Pinheiro Machado
732.**Conhece o Mário?** vol.2 – Santiago
733.**Dilbert (3)** – Scott Adams
734.**História de um louco amor** seguido de **Passado amor** – Horacio Quiroga
735(11).**Sexo: muito prazer** – Laura Meyer da Silva
736(12).**Para entender o adolescente** – Dr. Ronald Pagnoncelli
737(13).**Desembarcando da tristeza** – Dr. Fernando Lucchese
738.**Poirot e o mistério da arca espanhola & outras histórias** – Agatha Christie
739.**A última legião** – Valerio Massimo Manfredi
740.**As virgens suicidas** – Jeffrey Eugenides
741.**Sol nascente** – Michael Crichton
742.**Duzentos ladrões** – Dalton Trevisan
743.**Os devaneios do caminhante solitário** – Rousseau
744.**Garfield, o rei da preguiça (10)** – Jim Davis
745.**Os magnatas** – Charles R. Morris
746.**Pulp** – Charles Bukowski
747.**Enquanto agonizo** – William Faulkner
748.**Aline: viciada em sexo (3)** – Adão Iturrusgarai
749.**A dama do cachorrinho** – Anton Tchékhov
750.**Tito Andrônico** – Shakespeare
751.**Antologia poética** – Anna Akhmátova
752.**O melhor de Hagar 6** – Dik e Chris Browne
753(12).**Michelangelo** – Nadine Sautel
754.**Dilbert (4)** – Scott Adams
755.**O jardim das cerejeiras** seguido de **Tio Vânia** – Tchékhov
756.**Geração Beat** – Claudio Willer
757.**Santos Dumont** – Alcy Cheuiche
758.**Budismo** – Claude B. Levenson
759.**Cleópatra** – Christian-Georges Schwentzel
760.**Revolução Francesa** – Frédéric Bluche, Stéphane Rials e Jean Tulard
761.**A crise de 1929** – Bernard Gazier
762.**Sigmund Freud** – Edson Sousa e Paulo Endo
763.**Império Romano** – Patrick Le Roux
764.**Cruzadas** – Cécile Morrisson
765.**O mistério do Trem Azul** – Agatha Christie
766.**Os escrúpulos de Maigret** – Simenon
767.**Maigret se diverte** – Simenon
768.**Senso comum** – Thomas Paine
769.**O parque dos dinossauros** – Michael Crichton
770.**Trilogia da paixão** – Goethe
771.**A simples arte de matar** (vol.1) – R. Chandler
772.**A simples arte de matar** (vol.2) – R. Chandler
773.**Snoopy: No mundo da lua! (8)** – Charles Schulz
774.**Os Quatro Grandes** – Agatha Christie
775.**Um brinde de cianureto** – Agatha Christie
776.**Súplicas atendidas** – Truman Capote
777.**Ainda restam aveleiras** – Simenon
778.**Maigret e o ladrão preguiçoso** – Simenon
779.**A viúva imortal** – Millôr Fernandes
780.**Cabala** – Roland Goetschel
781.**Capitalismo** – Claude Jessua
782.**Mitologia grega** – Pierre Grimal
783.**Economia: 100 palavras-chave** – Jean-Paul Betbèze
784.**Marxismo** – Henri Lefebvre
785.**Punição para a inocência** – Agatha Christie
786.**A extravagância do morto** – Agatha Christie
787(13).**Cézanne** – Bernard Fauconnier
788.**A identidade Bourne** – Robert Ludlum
789.**Da tranquilidade da alma** – Sêneca
790.**Um artista da fome** seguido de **Na colônia penal e outras histórias** – Kafka
791.**Histórias de fantasmas** – Charles Dickens
792.**A louca de Maigret** – Simenon
793.**O amigo de infância de Maigret** – Simenon
794.**O revólver de Maigret** – Simenon
795.**A fuga do sr. Monde** – Simenon
796.**O Uraguai** – Basílio da Gama
797.**A mão misteriosa** – Agatha Christie
798.**Testemunha ocular do crime** – Agatha Christie
799.**Crepúsculo dos ídolos** – Friedrich Nietzsche
800.**Maigret e o negociante de vinhos** – Simenon
801.**Maigret e o mendigo** – Simenon
802.**O grande golpe** – Dashiell Hammett
803.**Humor barra pesada** – Nani

804. **Vinho** – Jean-François Gautier
805. **Egito Antigo** – Sophie Desplancques
806(14). **Baudelaire** – Jean-Baptiste Baronian
807. **Caminho da sabedoria, caminho da paz** – Dalai Lama e Felizitas von Schönborn
808. **Senhor e servo e outras histórias** – Tolstói
809. **Os cadernos de Malte Laurids Brigge** – Rilke
810. **Dilbert (5)** – Scott Adams
811. **Big Sur** – Jack Kerouac
812. **Seguindo a correnteza** – Agatha Christie
813. **O álibi** – Sandra Brown
814. **Montanha-russa** – Martha Medeiros
815. **Coisas da vida** – Martha Medeiros
816. **A cantada infalível** *seguido de* **A mulher do centroavante** – David Coimbra
817. **Maigret e os crimes do cais** – Simenon
818. **Sinal vermelho** – Simenon
819. **Snoopy: Pausa para a soneca (9)** – Charles Schulz
820. **De pernas pro ar** – Eduardo Galeano
821. **Tragédias gregas** – Pascal Thiercy
822. **Existencialismo** – Jacques Colette
823. **Nietzsche** – Jean Granier
824. **Amar ou depender?** – Walter Riso
825. **Darmapada: A doutrina budista em versos**
826. **J'Accuse...! – a verdade em marcha** – Zola
827. **Os crimes ABC** – Agatha Christie
828. **Um gato entre os pombos** – Agatha Christie
829. **Maigret e o sumiço do sr. Charles** – Simenon
830. **Maigret e a morte do jogador** – Simenon
831. **Dicionário de teatro** – Luiz Paulo Vasconcellos
832. **Cartas extraviadas** – Martha Medeiros
833. **A longa viagem de prazer** – J. J. Morosoli
834. **Receitas fáceis** – J. A. Pinheiro Machado
835(14). **Mais fatos & mitos** – Dr. Fernando Lucchese
836.(15). **Boa viagem!** – Dr. Fernando Lucchese
837. **Aline: Finalmente nua!!! (4)** – Adão Iturrusgarai
838. **Mônica tem uma novidade!** – Mauricio de Sousa
839. **Cebolinha em apuros!** – Mauricio de Sousa
840. **Sócios no crime** – Agatha Christie
841. **Bocas do tempo** – Eduardo Galeano
842. **Orgulho e preconceito** – Jane Austen
843. **Impressionismo** – Dominique Lobstein
844. **Escrita chinesa** – Viviane Alleton
845. **Paris: uma história** – Yvan Combeau
846(15). **Van Gogh** – David Haziot
847. **Maigret e o corpo sem cabeça** – Simenon
848. **Portal do destino** – Agatha Christie
849. **O futuro de uma ilusão** – Freud
850. **O mal-estar na cultura** – Freud
851. **Maigret e o matador** – Simenon
852. **Maigret e o fantasma** – Simenon
853. **Um crime adormecido** – Agatha Christie
854. **Satori em Paris** – Jack Kerouac
855. **Medo e delírio em Las Vegas** – Hunter Thompson
856. **Um negócio fracassado e outros contos de humor** – Tchékhov
857. **Mônica está de férias!** – Mauricio de Sousa
858. **De quem é esse coelho?** – Mauricio de Sousa
859. **O burgomestre de Furnes** – Simenon
860. **O mistério Sittaford** – Agatha Christie
861. **Manhã transfigurada** – Luiz Antonio de Assis Brasil
862. **Alexandre, o Grande** – Pierre Briant
863. **Jesus** – Charles Perrot
864. **Islã** – Paul Balta
865. **Guerra da Secessão** – Farid Ameur
866. **Um rio que vem da Grécia** – Cláudio Moreno
867. **Maigret e os colegas americanos** – Simenon
868. **Assassinato na casa do pastor** – Agatha Christie
869. **Manual do líder** – Napoleão Bonaparte
870(16). **Billie Holiday** – Sylvia Fol
871. **Bidu arrasando!** – Mauricio de Sousa
872. **Desventuras em família** – Mauricio de Sousa
873. **Liberty Bar** – Simenon
874. **E no final a morte** – Agatha Christie
875. **Guia prático do Português correto – vol. 4** – Cláudio Moreno
876. **Dilbert (6)** – Scott Adams
877(17). **Leonardo da Vinci** – Sophie Chauveau
878. **Bella Toscana** – Frances Mayes
879. **A arte da ficção** – David Lodge
880. **Striptiras (4)** – Laerte
881. **Skrotinhos** – Angeli
882. **Depois do funeral** – Agatha Christie
883. **Radicci 7** – Iotti
884. **Walden** – H. D. Thoreau
885. **Lincoln** – Allen C. Guelzo
886. **Primeira Guerra Mundial** – Michael Howard
887. **A linha de sombra** – Joseph Conrad
888. **O amor é um cão dos diabos** – Bukowski
889. **Maigret sai em viagem** – Simenon
890. **Despertar: uma vida de Buda** – Jack Kerouac
891(18). **Albert Einstein** – Laurent Seksik
892. **Hell's Angels** – Hunter Thompson
893. **Ausência na primavera** – Agatha Christie
894. **Dilbert (7)** – Scott Adams
895. **Ao sul do lugar nenhum** – Bukowski
896. **Maquiavel** – Quentin Skinner
897. **Sócrates** – C.C.W. Taylor
898. **A casa do canal** – Simenon
899. **O Natal de Poirot** – Agatha Christie
900. **As veias abertas da América Latina** – Eduardo Galeano
901. **Snoopy: Sempre alerta! (10)** – Charles Schulz
902. **Chico Bento: Plantando confusão** – Mauricio de Sousa
903. **Penadinho: Quem é morto sempre aparece** – Mauricio de Sousa
904. **A vida sexual da mulher feia** – Claudia Tajes
905. **100 segredos de liquidificador** – José Antonio Pinheiro Machado
906. **Sexo muito prazer 2** – Laura Meyer da Silva
907. **Os nascimentos** – Eduardo Galeano
908. **As caras e as máscaras** – Eduardo Galeano
909. **O século do vento** – Eduardo Galeano
910. **Poirot perde uma cliente** – Agatha Christie
911. **Cérebro** – Michael O'Shea
912. **O escaravelho de ouro e outras histórias** – Edgar Allan Poe
913. **Piadas para sempre (4)** – Visconde da Casa Verde
914. **100 receitas de massas light** – Helena Tonetto
915(19). **Oscar Wilde** – Daniel Salvatore Schiffer
916. **Uma breve história do mundo** – H. G. Wells
917. **A Casa do Penhasco** – Agatha Christie
918. **Maigret e o finado sr. Gallet** – Simenon
919. **John M. Keynes** – Bernard Gazier

920(20).**Virginia Woolf** – Alexandra Lemasson
921.**Peter e Wendy** *seguido de* **Peter Pan em Kensington Gardens** – J. M. Barrie
922.**Aline: numas de colegial (5)** – Adão Iturrusgarai
923.**Uma dose mortal** – Agatha Christie
924.**Os trabalhos de Hércules** – Agatha Christie
925.**Maigret na escola** – Simenon
926.**Kant** – Roger Scruton
927.**A inocência do Padre Brown** – G.K. Chesterton
928.**Casa Velha** – Machado de Assis
929.**Marcas de nascença** – Nancy Huston
930.**Aulete de bolso**
931.**Hora Zero** – Agatha Christie
932.**Morte na Mesopotâmia** – Agatha Christie
933.**Um crime na Holanda** – Simenon
934.**Nem te conto, João** – Dalton Trevisan
935.**As aventuras de Huckleberry Finn** – Mark Twain
936(21).**Marilyn Monroe** – Anne Plantagenet
937.**China moderna** – Rana Mitter
938.**Dinossauros** – David Norman
939.**Louca por homem** – Claudia Tajes
940.**Amores de alto risco** – Walter Riso
941.**Jogo de damas** – David Coimbra
942.**Filha é filha** – Agatha Christie
943.**M ou N?** – Agatha Christie
944.**Maigret se defende** – Simenon
945.**Bidu: diversão em dobro!** – Mauricio de Sousa
946.**Fogo** – Anaïs Nin
947.**Rum: diário de um jornalista bêbado** – Hunter Thompson
948.**Persuasão** – Jane Austen
949.**Lágrimas na chuva** – Sergio Faraco
950.**Mulheres** – Bukowski
951.**Um pressentimento funesto** – Agatha Christie
952.**Cartas na mesa** – Agatha Christie
953.**Maigret em Vichy** – Simenon
954.**O lobo do mar** – Jack London
955.**Os gatos** – Patricia Highsmith
956(22).**Diana** – Christiane Rancé
957.**História da medicina** – William Bynum
958.**O Morro dos Ventos Uivantes** – Emily Brontë
959.**A filosofia na era trágica dos gregos** – Nietzsche
960.**Os treze problemas** – Agatha Christie
961.**A massagista japonesa** – Moacyr Scliar
962.**A taberna dos dois tostões** – Simenon
963.**Humor do miserê** – Nani
964.**Todo o mundo tem dúvida, inclusive você** – Édison de Oliveira
965.**A dama do Bar Nevada** – Sergio Faraco
966.**O Smurf Repórter** – Peyo
967.**O Bebê Smurf** – Peyo
968.**Maigret e os flamengos** – Simenon
969.**O psicopata americano** – Bret Easton Ellis
970.**Ensaios de amor** – Alain de Botton
971.**O grande Gatsby** – F. Scott Fitzgerald
972.**Por que não sou cristão** – Bertrand Russell
973.**A Casa Torta** – Agatha Christie
974.**Encontro com a morte** – Agatha Christie
975(23).**Rimbaud** – Jean-Baptiste Baronian
976.**Cartas na rua** – Bukowski
977.**Memória** – Jonathan K. Foster
978.**A abadia de Northanger** – Jane Austen
979.**As pernas de Úrsula** – Claudia Tajes
980.**Retrato inacabado** – Agatha Christie
981.**Solanin (1)** – Inio Asano
982.**Solanin (2)** – Inio Asano
983.**Aventuras de menino** – Mitsuru Adachi
984(16).**Fatos & mitos sobre sua alimentação** – Dr. Fernando Lucchese
985.**Teoria quântica** – John Polkinghorne
986.**O eterno marido** – Fiódor Dostoiévski
987.**Um safado em Dublin** – J. P. Donleavy
988.**Mirinha** – Dalton Trevisan
989.**Akhenaton e Nefertiti** – Carmen Seganfredo e A. S. Franchini
990.**On the Road – o manuscrito original** – Jack Kerouac
991.**Relatividade** – Russell Stannard
992.**Abaixo de zero** – Bret Easton Ellis
993(24).**Andy Warhol** – Mériam Korichi
994.**Maigret** – Simenon
995.**Os últimos casos de Miss Marple** – Agatha Christie
996.**Nico Demo** – Mauricio de Sousa
997.**Maigret e a mulher do ladrão** – Simenon
998.**Rousseau** – Robert Wokler
999.**Noite sem fim** – Agatha Christie
1000.**Diários de Andy Warhol (1)** – Editado por Pat Hackett
1001.**Diários de Andy Warhol (2)** – Editado por Pat Hackett
1002.**Cartier-Bresson: o olhar do século** – Pierre Assouline
1003.**As melhores histórias da mitologia: vol. 1** – A.S. Franchini e Carmen Seganfredo
1004.**As melhores histórias da mitologia: vol. 2** – A.S. Franchini e Carmen Seganfredo
1005.**Assassinato no beco** – Agatha Christie
1006.**Convite para um homicídio** – Agatha Christie
1007.**Um fracasso de Maigret** – Simenon
1008.**História da vida** – Michael J. Benton
1009.**Jung** – Anthony Stevens
1010.**Arsène Lupin, ladrão de casaca** – Maurice Leblanc
1011.**Dublinenses** – James Joyce
1012.**120 tirinhas da Turma da Mônica** – Mauricio de Sousa
1013.**Antologia poética** – Fernando Pessoa
1014.**A aventura de um cliente ilustre** *seguido de* **O último adeus de Sherlock Holmes** – Sir Arthur Conan Doyle
1015.**Cenas de Nova York** – Jack Kerouac
1016.**A corista** – Anton Tchékhov
1017.**O diabo** – Leon Tolstói
1018.**Fábulas chinesas** – Sérgio Capparelli e Márcia Schmaltz
1019.**O gato do Brasil** – Sir Arthur Conan Doyle
1020.**Missa do Galo** – Machado de Assis
1021.**O mistério de Marie Rogêt** – Edgar Allan Poe
1022.**A mulher mais linda da cidade** – Bukowski
1023.**O retrato** – Nicolai Gogol
1024.**O conflito** – Agatha Christie
1025.**Os primeiros casos de Poirot** – Agatha Christie
1026.**Maigret e o cliente de sábado** – Simenon
1027(25).**Beethoven** – Bernard Fauconnier
1028.**Platão** – Julia Annas
1029.**Cleo e Daniel** – Roberto Freire

1030. **Til** – José de Alencar
1031. **Viagens na minha terra** – Almeida Garrett
1032. **Profissões para mulheres e outros artigos feministas** – Virginia Woolf
1033. **Mrs. Dalloway** – Virginia Woolf
1034. **O cão da morte** – Agatha Christie
1035. **Tragédia em três atos** – Agatha Christie
1036. **Maigret hesita** – Simenon
1037. **O fantasma da Ópera** – Gaston Leroux
1038. **Evolução** – Brian e Deborah Charlesworth
1039. **Medida por medida** – Shakespeare
1040. **Razão e sentimento** – Jane Austen
1041. **A obra-prima ignorada** *seguido de* **Um episódio durante o Terror** – Balzac
1042. **A fugitiva** – Anaïs Nin
1043. **As grandes histórias da mitologia greco-romana** – A. S. Franchini
1044. **O corno de si mesmo & outras historietas** – Marquês de Sade
1045. **Da felicidade** *seguido de* **Da vida retirada** – Sêneca
1046. **O horror em Red Hook e outras histórias** – H. P. Lovecraft
1047. **Noite em claro** – Martha Medeiros
1048. **Poemas clássicos chineses** – Li Bai, Du Fu e Wang Wei
1049. **A terceira moça** – Agatha Christie
1050. **Um destino ignorado** – Agatha Christie
1051(26). **Buda** – Sophie Royer
1052. **Guerra Fria** – Robert J. McMahon
1053. **Simons's Cat: as aventuras de um gato travesso e comilão – vol. 1** – Simon Tofield
1054. **Simons's Cat: as aventuras de um gato travesso e comilão – vol. 2** – Simon Tofield
1055. **Só as mulheres e as baratas sobreviverão** – Claudia Tajes
1056. **Maigret e o ministro** – Simenon
1057. **Pré-história** – Chris Gosden
1058. **Pintou sujeira!** – Mauricio de Sousa
1059. **Contos de Mamãe Gansa** – Charles Perrault
1060. **A interpretação dos sonhos: vol. 1** – Freud
1061. **A interpretação dos sonhos: vol. 2** – Freud
1062. **Frufru, Rataplã, Dolores** – Dalton Trevisan
1063. **As melhores histórias da mitologia egípcia** – Carmem Seganfredo e A.S. Franchini
1064. **Infância. Adolescência. Juventude** – Tolstói
1065. **As consolações da filosofia** – Alain de Botton
1066. **Diários de Jack Kerouac – 1947-1954**
1067. **Revolução Francesa – vol. 1** – Max Gallo
1068. **Revolução Francesa – vol. 2** – Max Gallo
1069. **O detetive Parker Pyne** – Agatha Christie
1070. **Memórias do esquecimento** – Flávio Tavares
1071. **Drogas** – Leslie Iversen
1072. **Manual de ecologia (vol.2)** – J. Lutzenberger
1073. **Como andar no labirinto** – Affonso Romano de Sant'Anna
1074. **A orquídea e o serial killer** – Juremir Machado da Silva
1075. **Amor nos tempos de fúria** – Lawrence Ferlinghetti
1076. **A aventura do pudim de Natal** – Agatha Christie
1077. **Maigret no Picratt's** – Simenon
1078. **Amores que matam** – Patricia Faur
1079. **Histórias de pescador** – Mauricio de Sousa
1080. **Pedaços de um caderno manchado de vinho** – Bukowski
1081. **A ferro e fogo: tempo de solidão (vol.1)** – Josué Guimarães
1082. **A ferro e fogo: tempo de guerra (vol.2)** – Josué Guimarães
1083. **Carta a meu juiz** – Simenon
1084(17). **Desembarcando o Alzheimer** – Dr. Fernando Lucchese e Dra. Ana Hartmann
1085. **A maldição do espelho** – Agatha Christie
1086. **Uma breve história da filosofia** – Nigel Warburton
1087. **Uma confidência de Maigret** – Simenon
1088. **Heróis da História** – Will Durant
1089. **Concerto campestre** – L. A. de Assis Brasil
1090. **Morte nas nuvens** – Agatha Christie
1091. **Maigret no tribunal** – Simenon
1092. **Aventura em Bagdá** – Agatha Christie
1093. **O cavalo amarelo** – Agatha Christie
1094. **O método de interpretação dos sonhos** – Freud
1095. **Sonetos de amor e desamor** – Vários
1096. **120 tirinhas do Dilbert** – Scott Adams
1097. **124 fábulas de Esopo**
1098. **O curioso caso de Benjamin Button** – F. Scott Fitzgerald
1099. **Piadas para sempre: uma antologia para morrer de rir** – Visconde da Casa Verde
1100. **Hamlet (Mangá)** – Shakespeare
1101. **A arte da guerra (Mangá)** – Sun Tzu
1102. **Maigret na pensão** – Simenon
1103. **Meu amigo Maigret** – Simenon
1104. **As melhores histórias da Bíblia (vol.1)** – A. S. Franchini e Carmen Seganfredo
1105. **As melhores histórias da Bíblia (vol.2)** – A. S. Franchini e Carmen Seganfredo
1106. **Psicologia das massas e análise do eu** – Freud
1107. **Guerra Civil Espanhola** – Helen Graham
1108. **A autoestrada do sul e outras histórias** – Julio Cortázar
1109. **O mistério dos sete relógios** – Agatha Christie
1110. **Peanuts: Ninguém gosta de mim... (amor)** – Charles Schulz
1111. **Cadê o bolo?** – Mauricio de Sousa
1112. **O filósofo ignorante** – Voltaire
1113. **Totem e tabu** – Freud
1114. **Filosofia pré-socrática** – Catherine Osborne
1115. **Desejo de status** – Alain de Botton
1116. **Maigret e o informante** – Simenon
1117. **Peanuts: 120 tirinhas** – Charles Schulz
1118. **Passageiro para Frankfurt** – Agatha Christie
1119. **Maigret se irrita** – Simenon
1120. **Kill All Enemies** – Melvin Burgess
1121. **A morte da sra. McGinty** – Agatha Christie
1122. **Revolução Russa** – S. A. Smith
1123. **Até você, Capitu?** – Dalton Trevisan
1124. **O grande Gatsby (Mangá)** – F. S. Fitzgerald
1125. **Assim falou Zaratustra (Mangá)** – Nietzsche
1126. **Peanuts: É para isso que servem os amigos (amizade)** – Charles Schulz
1127(27). **Nietzsche** – Dorian Astor
1128. **Bidu: Hora do banho** – Mauricio de Sousa
1129. **O melhor do Macanudo Taurino** – Santiago
1130. **Radicci 30 anos** – Iotti
1131. **Show de sabores** – J.A. Pinheiro Machado
1132. **O prazer das palavras** – vol. 3 – Cláudio Moreno

COLEÇÃO 64 PÁGINAS

LIVROS QUE CUSTAM SEMPRE R$ 5,00!

DO TAMANHO DO SEU TEMPO.
E DO SEU BOLSO

E-BOOKS R$ 3,00!

L&PM POCKET

IMPRESSÃO:

Pallotti
GRÁFICA EDITORA
IMAGEM DE QUALIDADE

Santa Maria - RS - Fone/Fax: (55) 3220.4500
www.pallotti.com.br